梁启超传

吴其昌 著

台海出版社

图书在版编目（CIP）数据

梁启超传 / 吴其昌著. —— 北京：台海出版社, 2019.4
（2021.11重印）

ISBN 978-7-5168-2249-4

Ⅰ.①梁… Ⅱ.①吴… Ⅲ.①梁启超（1873-1929）
—传记 Ⅳ.①B259.15

中国版本图书馆CIP数据核字（2019）第033751号

梁启超传

著　者：吴其昌			
责任编辑：王　萍		装帧设计：白砚川	
版式设计：秦　颖		责任印制：蔡　旭	

出版发行：台海出版社

地　　址：北京市东城区景山东街 20 号　邮政编码：100009

电　　话：010-64041652（发行，邮购）

传　　真：010-84045799（总编室）

网　　址：www.taimeng.org.cn/thcbs/default.htm

E－mail：thcbs@126.com

经　　销：全国各地新华书店

印　　刷：三河市同力彩印有限公司

本书如有破损、缺页、装订错误，请与本社联系调换

开　　本：880mm×1230mm　1/32

字　　数：140 千字　　　　　印　　张：7.75

版　　次：2019 年 4 月第 1 版　印　　次：2021 年 11 月第 2 次印刷

书　　号：ISBN 978-7-5168-2249-4

定　　价：39.80 元

目录

第一章

一世纪来中国的命运
——从鸦片战争至梁氏诞生的前夕

第一节　绪说

　　孟子说"知人论世"，我们要知道一个人全部的事业，了解他全部的心境，欣赏他全部的风度，认识他全部的学问，然后才能公正地评判他生平的价值。所以我们要做这个人的传记，必须暂时把我的神魂，钻入这个人的时代，并立于这个人的环境，透视了这个人的情绪、性格，然后能作亲切有味的描写、客观无私的综述，并且才可成功一部鲜活的信史。

　　中国这一百年来（1842—1943）的命运，真正是从乐土跌入了地狱，又从地狱爬回到乐土，一个四千年历史上从未有的大转折期。在道光二十年鸦片战争以前，中国虽然内部已经空虚，但外表承乾嘉余荫，还是金光灿烨！《南京条约》以后，绑上第一条枷锁！割了第一块骨肉！以后一条一条的绑上无量数的枷锁；一块一块的割了无量数的骨肉！受着这样"凌迟"的惨刑，简直堕入地狱的底层，最惨痛苦楚的时期，正在这一百年的中间。自甲午（1894）中日之战，至庚子（1900）联军之役，那时瓜分的酷刑，已为全世界所宣判定

陈天华

了。稍有血性的国民，都想蹈东海而自杀；陈天华就是著名的代表之一。梁启超，正是生长在这个最黑暗地狱底层的有血有泪有志气的一位满身创伤的青年。他也屡次想跳海而死，但他坚决地相信中国必然不亡，并且断然复兴，所以他在全然无望之中，挣扎奋斗。但是，可怜他到死，始终不见义师统一中华。他是在黑暗地狱中过了一生的"盲鱼"！虽然他的心是不盲的。别人我不知道，使我而处在梁氏的时代，我恐怕要终日恸哭呕血而死了。

第二节 梁氏生前中国一般的惨况

一 陷落于绝望的深渊

我们现在来回头看看梁氏的时代与环境：

> ……我国民全陷落于失望时代。希望政府，政府失望！希望疆吏，疆吏失望！希望政党，政党失望！希望自力，自力失望！希望他力，他力失望！忧国之士，溢其热血，绞其脑浆，于彼乎？于此乎？皇皇求索者有年，而无一路之可通，而心血为之倒行，脑浆为之瞽乱！……（《饮冰室自由书》）

所以康有为吟着"或劝蹈海未忍决，且歌惜誓留人间"的诗，后来梁启超还是告其友明水："使中国而诚无可为，我惟有蹈东海以死耳！"到底那时环境的现状是怎么样的呢？西洋浪人所常常举例宣传，乃至照片绘画的：鸦片、八股、小脚、长辫、笞臀、杀头、花酒、磕头等怪状，这是最粗浅的有形的外症，人人所知道的。如果稍微放眼深刻地一看，那就更可悲了。

二　天灾·人祸

放眼先展望那时代整个的国家，则是：

> ……地利不辟，人满为患。河北诸省，虽岁中收，犹道瑾相望。京师一冬，死者千计。一有水旱，道路不通，运赈无术；任其委填，十室九空。滨海小民，无所得食，逃至南洋，鬻身为奴，犹被驱迫，……驯者转于沟壑，黠者流为盗贼。教匪会匪，蔓延九州。工艺不兴，商务不讲，土货日见减色，而他人百物，畅销内地。漏卮日甚，脂膏将枯。（《论不变法之害》）

三　道德的堕落

以上还可以委之于自然及外来之灾祸！然而亡清末年的"汉族奴才"，经过三百年恐怖的大淫威的压迫，其制造奴根性的政策，居然成功，我羲黄神胄，那时不免大部分呈现着可悲痛的症象。《因明集》有一首古乐府名《奴才好》，刻画得透彻淋漓：

奴才好，奴才好，勿管内政与外交，大家鼓里且睡觉。古人有句常言道："臣当忠，子当孝。"大家切勿胡乱闹。满洲入关三百年，我的奴才做惯了。他的江山他的财，他要分人听他好，转瞬洋人来，依旧要奴才。他开矿产我做工，他开洋行我细蒽，他要招兵我去当，他要通事我也会。内地还有"甲必丹"，收赋治狱荣巍巍。满奴作了作洋奴，奴性相传入脑胚。……什么流血与革命，什么自由与均财，……我辈奴仆当戒之，福泽所关慎所归。"大金""大元""大清朝"，主人国号已屡改；"大德""大法""大日本"，换个国号任便戴！奴才好，奴才乐，世有强者我便服！三分刁黠七分媚，世事何者为龌龊，……灭种覆族事遥遥，此事解人几难索？……奴才好，奴才乐，奴才到处皆为家，何必保种与保国！

这是蒋智由先生沉痛的血泪，今日吾辈青年读之，真欲怒发冲冠，而在当时可并不认为严重的怪象。这种"严重的怪象"，真所谓"国家将亡，必有妖孽"。决不是含血喷人的污蔑，危词耸听的肆谈。

四　思想的颠倒

远在梁、蒋以前，以谨朴著称的郭嵩焘，已记其亲眼所见云：

　　……及至京师，折于喧嚣之口，嗫不得发。窃谓中国人之心有万不可解者：西洋为害之烈，莫甚于鸦片烟；英国士绅，亦自耻其以害人者为构衅中国之具也，方谋所以禁绝之。中国士大夫，甘心陷

郭嵩涛

溺，恬不为悔。数十年来，国家之耻，耗竭财力，无一人引为咎心。钟表玩具，家家有之。呢绒洋布之属，遍及穷荒僻壤。江、浙风俗，至于舍国家钱币，而专行使洋钱，且昂其值，漠然无知其非者。一闻修造铁路、电报，痛心疾首，群起阻难。至有以见洋人机器为公愤者；曾颉刚（纪泽）乘南京小轮船至长沙，官绅起而大哗，数年不息。是甘心承人之害，以使腹吾之膏脂；而挟全力自塞其利源，蒙不知其何心也！……（《郭筠仙集·与李鸿章书》）

五　民智的固陋

越十余年，梁氏之所亲见的，又变本加厉了。他说：

……吾少而居乡里，长而游京师，及各省大都会，颇尽识朝野间之人物。问其子弟，有知国家为何物者乎？无有也！其相语则曰：如何而可以入泮，如何而可以中举也。问其商民，有知国家之危者乎？无有也！其相语则曰：如何而可以谋利，如何而可以骄人也。问其士夫，有以国家为念者乎？无有也！其相语则曰：如何而可以得官，可以得差，可以得馆地也。问其官吏，有以国事为事者乎？无有也！其相语则曰：某缺肥，某缺瘠，如何而可以逢迎长官，如何而可以盘踞要津也。问其大臣，有知国耻，忧国难，思为国除弊而与利者乎？无有也！但入则坐堂皇，出则鸣八驺，颐指气使，穷侈极欲也。……于广坐之中，若有谈国家者，则指而目之曰：是狂人也，是痴人也。其人习而久之……则亦自觉其可耻，钳口结舌而已。不耻言利，不耻奔竞，不耻媕娿，不耻愚陋，而惟言国事之为耻！习以成风，恬不为怪，遂使四万万人之国，与无一人等！……（《爱国论》）

任公先生岂不知道，这"莫谈国事"的恶风，乃是满洲皇帝三百年来杀头淫威禁制的结果。过去我在北平读书的时候，还见到西直门外小茶馆里的黑墙上贴着前清时代尚未刷去的条禁："莫谈国事！"但是痛心的，想不到吾民族承受这淫刑的结果，竟养成为"无耻"！春秋之义："蒙大辱以生者，毋宁死！"庄子之言："哀莫大于心死！"哪知道吾民族受淫威、蒙大辱以后，竟由心死而变成无耻，所以革命的大业，一直要等待中山先生的领导，才能完成啊！

六　社会的腐化

这种无耻的怪象，延续到后来，尚为梁氏所亲见，他分别的记着：

……越惟无耻，故安于城下之辱，……而不思一雪；乃反托虎穴以自庇，求为小朝廷以乞旦夕之命。……官惟无耻，故不学军旅而敢于掌兵。不谙会计而敢于理财。不习法律而敢以司理。瞽聋跛疾，老而不死：年逾耋颐，犹恋栈豆。接见西官，栗栗变色；听言若闻雷，睹颜若谈虎！其下焉者，鲍食无事，趋衙听鼓：旅进旅退，濡濡若驱群豕！……士惟无耻，故一书不读，一物不知。出穿窬之技，以作"搭题"；甘囹圄之容，以受收检。抱八股八韵，谓极宇宙之文；守高头讲章，谓穷天人之奥！商惟无耻，故不讲制造，不务转运；攘穷于室内，授利于渔人。其甚者习洋文为奉承西商之地，入洋塾为操练买办之才。充犬马之役，则耀其乡里；假狐虎之威，乃轹其同族！兵惟无耻，故老弱羸病，苟且充额。力不能胜匹雏，耳未闻谭战事。以军资十年之蓄，饮酒狎花；距前敌百里而遥，望风弃甲！民惟无耻，百人之中，识字者不及三十。……五印毒物，天下所视为虺为鸩，乃遍国种之，遍国嗜之，男妇老弱，十室八九，依之若命。缠足陋习，……习之若性！……（《知耻学会序》）

又记：

……学校不立，学子于帖括外，一物不知。其上者考据词章，破碎相尚：语以瀛海，瞠目不信！又得官甚难，治生无术，习于无耻，曾不知怪。兵学不讲，绿营防勇，老弱癖烟，凶悍骚扰，无所可用。一旦军兴，临时募集，半属流匄，器械窳苦，饷糈微薄。偏裨以上，流品猥杂。一字不识，无论读书。营例不谙，无论兵法。……官制不善，习非所用，用非所习。委权胥吏，百弊蝟起。一官数人！一人数官！牵制推诿，一事不举。保奖曚混，鬻爵充塞；朝为市侩，夕登显秩，宦途壅滞，候补窘悴；非钻营奔竞，不能疗饥。俸廉微薄，供亿浩繁，非贪污恶鄙，无以自给！限年绳格，虽有奇才，不能特达；必俟其筋力既衰，暮气已深，始任以事。故肉食盈廷而之才为

患。……（《论不变法之害》）

梁氏虽痛哭流涕地嚷着："嗟乎！之数无耻者，身有一于此罔不废！家有一于此罔不破！国有一于此罔不亡！"然而那时的全国，充耳不闻，这也许天将灭亡满清政权的表征。

七　太后的奢靡

回头再看看那时满清政权的最高主宰，所谓"慈禧太后那拉氏"这老物，则正敲榨我们全体同胞的汗血，出卖我们祖国百年命运的代价，来挥霍她个人淫乐的享受。用创办海军的专款来修造颐和园，只是最显明著称的事，此外还有我们所不知道的弥天糊涂账，例如：

> ……乙未至戊戌间，凡借外债五千万磅，除偿款外，所余尚一千二百十七万磅有奇。辛丑以后，各省每年解一千八百万两于北京政府，每年所余者七百万两有奇。及今三年，亦二千万两有奇矣。此等美款，用诸何途？……乙未至庚子，颐和园续修工程，每年三百余万两。皇太后万年吉地工程，每年百余万两。戊戌秋间，皇太后欲往天津阅操，命荣禄修行宫，提"昭信股票"余款六百余万

两，辛丑回銮费，据各报所记，二千余万两。辛
丑后动工兴修之佛照楼（按：即后来之居仁堂）
工程，五百万两。今年（1903）皇太后七旬万寿庆
典，一千二百万两。另各省大员报效，一千三百万
两。即此荦荦数端，专为一人身上之用，我辈所能
知者，其数已达九千万两！未知者复何限。……国
民乎！国民乎！公等每年绞四千三百万之膏血，为
北京城内一人（那拉氏）无用之私费，公等节衣
缩食，抛妻鬻子，以献纳于……北京，为彼一人
修花园、庆寿辰、筑坟墓之需也！……（《中国国
债史》）

八 朝廷的昏庸

西太后的荒淫逸乐，别具肺肝既如此，辅翼此淫后老怪
之元老大臣期何如？譬如户部尚书阎敬铭，千方百计撙节浮
款，为国家创办海军，而皇太后天天向他闹钱，老大不快，把
他革职了事。这一个例，说明除了"混蛋"——如李莲英，及
"恶霸"——如荣禄等以外，谁都不能存在。存在的"混大
老"呢，请你看看：

……日本人谓我……握国权者，皆老朽之人

慈禧六十大寿图

1871年大清总理衙门的大臣们

也。非哦几十年"八股",非写几十年"白折",非当几十年差,非捱几十年俸,非递几十年"手本",非唱几十年"喏",非磕几十年头,非请几十年安,则必不能得一官,进一职!其内任卿贰以上,外任监司以上者,百人之中,其五官不备者,殆九十六七人也!非眼盲,则耳聋;非手颤,则足跛。否则"半身不遂"也。彼其一身饮食、步履、视听、言语,尚且不能自了,须三四人在左右扶之捉之,乃能度日。于此而乃欲责之国事,是何异立木偶而使之治天下也。且彼辈自其少壮之时,已不知亚、欧、非、美为何处地方;汉祖、唐宗是那样皇帝;犹嫌其顽钝腐败之未臻其极,又必搓磨之,陶冶之,待其脑髓已涸,血管已塞,气息奄奄,与鬼为邻之时,然后将我二万里山河,四万万人命,一举而畀其手!呜呼!……

而彼辈者积其数十年之八股、白摺、当差、捱俸、手本、唱喏、磕头、请安,千辛万苦……乃始得此"红顶""花翎"之服色,"中堂""大人"之名号。乃出其全副精神,竭其毕生力量,以保持之。如乞儿拾金,虽轰雷盘旋顶上,而两手犹紧抱其荷包,他事非所愿、非所知、非所闻也。于此而告之以亡国也,瓜分也,彼乌从而听之,乌从而信之!

016

即使果亡矣，果分矣，而我今年既七十矣，八十矣，但求其一两年内，洋人不来，强盗不起，我已快活过了一世！若不得已，则割三省两省土地，奉申贺敬！以换我几个衙门，卖三五百万之人民，作奴为仆，以赎我一条老命。有何不可！有何难办！呜呼！今之所谓老后、老臣、老将、老吏者，其修身、齐家、治国、平天下之手段，皆具于是矣。……（《少年中国说》）

九 外交的腐败

至于最重要的周旋世界、折冲列强、掌握国防和战之枢机、控制国家存亡之命运的机构，叫做"总理各国事务衙门"，简称"总理衙门"，将呈何种状况呢？那更妙了，素有"混蛋加三级"之雅号（北京饭馆里，"水墩蛋"加上鸡丁、鸦片、鸡丝——三鸡——这碗菜就叫"总理衙门"）。大家所亲见的：

> ……总理衙门，老翁十数人，日坐堂皇。并外国之名且不知，无论国际。并己国条约，且未寓目，无论公法。各国公使、领事等官，皆由奔竞而得。一无学识。……（《政变原因答客难》）

这实在是千真万确之事，当时曾有"把九龙弄到澳洲东南"的笑话，因为澳门与澳洲，这班"老王爷"实在有点搅不清楚！"使""领"之由奔竞而得，也是事实，以出使日本的为尤甚的，只是把"捉留学生""杀革命党"为唯一要务。当时一位留日学生——笔名"东亚伤心人"——做一首新乐府，名《哀星轺》，识使臣"献媚蓄意杀学生"，附带叙述使臣的出身，说：

> ……使臣当日好肩背，南洋贩米东洋卖，相公堂前，袖献票纸；王爷膝下，跪呈扇子。王爷心绪忧，肥奴旁侍喘如牛，亲捧留声机器奏床头。翁在街头卖卦命，儿走上房司门政，儿今作贵人，紫绶金章衬绿巾……

一〇　军队的黑暗

"若以练兵论之"，那末：

> ……用洋将统带训练者，则授权洋人。国家岁糜巨帑，为他人养兵以自噬。其用土将者，则如董福祥之类，藉众闹事，损辱国体，动招边衅。否则

1894年，日本军队对旅顺发动强化攻击

骚扰阎闾，不能防国，但能累民。又购船、置械于外国，则官商之经手者，藉以中饱自肥，费重金而得窳物。如是则练兵反不如不练！……（《政变原因答客难》）

上面这段话，没有一字是虚谎，甲午战争就惨败在这真凭实据上。

……据英人蒲阑德（Bland）的记述说："在战争发生前二年，汉纳根（李鸿章部下服务的德人）请李鸿章购买大量克鲁伯厂所造的大开花弹，供战斗舰上大炮之用。李氏已经签发了命令，但是终于不曾实行。……当黄海海战时，至有两艘战斗舰，共同只有三颗大开花弹！因此在大半日的苦战当中，中国战舰大口径的巨炮皆闲搁不能作用。"至于中国自己制造的鱼雷，据严复所说，有用铁渣来代替火药装在里面的！海军李鸿章用全力经营的，内容的腐败如此；陆军就更不用说了。……（李剑农：《中国近百年政治史》）

一一 实业的丛弊

再换一个方面，就当时推行关于经济建设的新政来观察：

> ……以开矿论之，……西人承揽，各国要挟，地利尽失，畀之他人。否则奸商胡闹，贪官串弊；各省矿局，只为候补人员"领乾脩"之用，徒糜国帑。如是则开矿反不如不开。……
>
> ……中国旧例：官绅之不办事而借空名以领俸，谓之"乾脩"。凡各省之"某某局总办""某某局提调"，无不皆是也。（《政变原因答客难》）
>
> ……乃至兴一利源，则官与商争，绅与民又争。举一新政，则政府与行省争，此省与彼省又争。议一创举，则意见歧而争，意见不歧而亦争。究之阴血周作，张脉偾兴：旋动旋止，只视为痛痒无关之事！……（《南学会叙》）

所以清末"官商合办"的，或是"官督商办"的经济建设，没有一件不是彻骨失败的。后来川汉铁路的建设，可怜路基已经铺到宜昌，只因"官与民争"，就扩大为清廷覆亡的致命伤！

一二　贪污的普遍

如果我们看完了官场中的上层阶级，还觉得未能恶贯满盈，不妨再走入普通官场，看看中下层吏曹郎官的一般风气：

> ……前此京朝士夫，朴素如老儒。入署大率步行，宴客不过数簋。岁得俸廉数百金，即足以自给。其名士，往往敝衣破帽，萧然自得。而举国且仰其风采也。……（《说国风·中》）

如果长能如此，那也罢了。但是到后来呢？啊，但只见：

> ……今也，全国富力，有日蹙而无日舒；而中流社会之人，已相炫以豪华。虽以区区一曹郎，而一室之陈设，耗中人十户之赋。一席之饮宴，值会典半年之俸。而其尤宦达者，更无论也。……（《说国风·中》）

所谓"其尤宦达者"淫奢滔天的罪恶，你如果不信，请你一读薛福成《庸盦笔记》里面的《河工奢侈之风》条：

　　……老于河工者为余谈：每岁经费，实用之工程者，十不及一！其余以供文武员弁之挥霍，大小衙门之酬应，过客游士之余润。凡饮食、衣服、车马、玩好之类，莫不斗奇争巧，务极奢侈。即以宴席言之，一豆腐也，而有二十余种。一猪肉也，而有五十余种。……（中间叙述种种罪恶甚怪甚详，不欲汗我文笔，从略。）食品既繁，虽历三昼夜之长，而一席之宴不能毕！故河工宴客，往往酒阑人倦，各自引去，从未有终席者。此仅举宴席以为例，而其余若衣服车马玩好，豪奢之风。莫不称是。各厅署内，自元旦至除夕，无日不演剧。自黎明至夜分，虽观剧无人，而演者自若也。每署幕友数十百人，游客或穷困无聊，乞得上官一名片，以投厅、汛各署，无不延请。有为宾主数年，迄未识面者！幕友终岁无事，主人夏馈"冰金"，冬馈"炭金"，佳节馈"节敬"；每逾旬月，必馈宴席。幕友有为棋、博、樗蒲之戏者，得赴账房领费，皆有常例。……新点翰林，有携朝贵一纸书谒河帅者，河帅为之登高而呼，万金可立致。旧人拔贡，有携京员一纸书谒库道者，千金可立致！嗟乎！国家岁

薛福成

糜巨帑以治河。而频年河决，更甚于今日。竭生民
之膏血，以供贪官污吏之骄奢淫僭，天下安得不贫
苦！……

其他如外人所记，太监安得海、李莲英等之恃西后淫
纵祸国，那更甚于此！养成亡清"全国宦场"的国风，贯彻
上、中、下，不论贫、穷、富，一样的：

> ……前此偶有游戏，讳莫如深。今则樗蒲之
> 博，以夜继昼；狭邪之游，张旗鸣鼓。职务废于醉
> 饮，神志昏于姣变！而举国未或以为非也。前此贿
> 赂苞苴，行诸暮夜；馈者受者，成为戒心。今则攫
> 金于市，载实于朝，按图索骥，选树论价，恬然不
> 以为耻，而且以此夸耀于其侪辈也。……（《说国
> 风·中》）

第三节　梁氏生前中国一般的教育状况

　　够了！这本"地狱底层的官场现形记"的电影，在此重映一通，青年们！会使你哭笑不得，血泪倒流，是不是？你看了这本电影，你才知道清末的志士仁人、革命英烈，所抛的头颅，所喷的碧血，其意义如何的壮烈伟大了。中山先生，自然是最伟大的建国成功者，而梁启超冒九死一生，首先发难，勇往直前地冲锋。他自己承认"陈胜、吴广"之功，但天下后世的公评，他的勤劳，他的气魄、精神、声威，实在比陈胜、吴广要高出万倍！

　　这些暂且搁起，这电影还有下半本，是当时"地狱底层的文化界现形记"，也请今日青年一看。

　　还在梁氏四岁的时候，美国的电话已经装起来了，而同时在中国呢？

　　　　……记得光绪二年，有位出使英国大臣郭嵩焘，
　　做了一部游记，里头有一段，大概说："现在的夷

狄，和从前不同；他们也有二千年的文明。"嗳哟，可了不得！这部书传到北京，把满朝士大夫的公愤，都激动起来了。人人唾骂，日日奏参，闹得奉旨毁版，才算完事。……（《五十年中国进化概论》）

更前十年（同治六年），宰相名儒倭仁，反对李鸿章在北京设同文馆的怪事，那更不必说了。

一三 童年生活是怎样的

既然全国没有半个学校的教育，我国民自"童年"以至"青年"最宝贵的一段光阴，所受的生活熏染是怎么样的呢？

　　……若其髫龄嬉戏之时，习安房闼之中，不离阿保之手。耳目之间所日与为缘者，舍床箦、筐篋、至猥极琐之事，概乎无所闻见。其上焉者，歆之以得科第，保禄利；诲之以嗣产业，长子孙；斯为至矣。故其壮也，心中目中，以为天下之事，更无有大于此者。万方亿室，同病相怜；冥冥之中，遂以酿成今日营私趋利，苟且无耻，固陋野蛮之天下，……且恬然不以为怪。故试取西人幼塾乳臭之子，与吾此间庞壮硕老之士大夫相掣，其志趣学识，必有非吾此间此辈之所能望者！岂其种之特异哉，无亦少而习焉者之不得其道也。……（《论女学》）

或者说：梁氏所描写的，还是中上阶级社会中青年子弟所遭际的情形，自然还有更惨于此的下层社会的贫苦子弟，他们所受的生活熏染是怎样的呢？那在清末还没有描绘此类的速写，我只有请你读一读后来鲁迅《呐喊》集的《阿Q正传》《药》两篇文章来弥补这遗憾。

> ……遗风相传下来，江南的小康子弟，在老祖母的监护之下，谆谆地教训他道："不许上鸦片馆，可以在家设灯盘，抽大烟。不要去嫖，可以拣一个合意的'丫头'或'窑姐'讨一房小婆娘伴着你。"这类的慈训，社会上都是称为"教子有方"的。不多几年，这白面少爷，已经是弄到骨瘦如柴，家产荡尽，先于老祖母而死了。等到"教子有方"的这位老太太死时，无棺可敛。躺着尼姑庵的"施棺材"而了结。这类为社会家庭葬埋的青年，作者的眼内，还亲见小小一乡镇内有数十件之多。

京师同文馆

一四 青年教育是怎样的

如果家内出了有志青年，那末也有"黄卷青灯，十年苦读"的学子。但是我们来看看他埋头十年，疲精竭神，所下苦功的对象，是什么东西呢？就是所谓"八股文""八韵诗"。"八附文"这神秘的名称，我们听得烂熟，究竟是怎么一回事呢？

> ……明中叶以后，始盛行四股、六股、八股，破、承、起讲之格。虽名为说经之文，实则本唐代诗赋。专讲排偶声病。如宋元词曲，但求按谱填词。而芜词谰言，骈拇枝指，又加甚焉。……格式既定，务使千篇一律；稍有出入，即谓之不如格。是以习举业者，陈陈相因，涂涂递附；黄茅白苇，一望皆同。限以"三百""七百"之字数，拘以"连上""犯下"之手法。虽胸有万卷，学贯三才者，亦必俯就格式，不许以一语入文。其未尝学问者，亦能揣摩声调，敷衍讲章，弋获巍科，坐致高位。……（杨漪春侍御奏稿：《请厘定文体折》）

到清末更可笑了，更可杀了，竟以"游戏文章"公然作为国家登进人才的标准。而其游戏的下流不通，还远在"灯谜""诗钟""酒令""牙牌"之下！全国白昼跳踉着这种文妖，真使人感觉着"清室不亡，是无天理"的！

> ……更有甚者，各省岁科、童试、县考、府考、院考，多出"截上""截下""无情""巧搭"等题（例如"子见南子，自牖执其手"之类），割裂经文，渎侮圣言。……而各省沿用，毫不为怪。此种文体，……起、承、转、收、擒、钓、渡、挽，其法视文网为尤密，其例视刑律为尤严。遂使天下百千万亿之生童，日消磨精力于此等手法之中，舍纤仄机械之外，无所用其心。恐有旁骛而文法因以疏也。舍"串珠""类腋"之外，无所用其学，恐有博涉而文体因以杂也。……（杨漪春侍御奏稿：《请厘定文体折》）

这位因变法而丧首的戊戌六君子之一——杨深秀，于是喟然长叹道：

> ……夫天下之士子，莫多于生童也。盈廷之公卿，皆起自生童也。而其用心及其所学如此！驱天

以后还要大力改革朝政，还要继续任用一批"新人"。

正因为如此，慈禧等顽固派对新政视作洪水猛兽，视维新派为眼中钉、肉中刺，必欲置之死地而后快。戊戌变法终于归于失败，这是历史发展的必然。

戊戌六君子之一杨深秀

下有用之才，而入于无用之地：一旦而欲举以任天
下之事，当万国之冲，其可得乎！……（同上）

至于"八韵诗"的内容，尤为无味，不必多讲，而其
最荒谬可笑者，以现代人之方音，而必须押隋、唐时代之韵
脚，无理取闹如此，而反认为天经地义。所以声韵是用脑筋来
硬记的，不用耳朵来听的！以致名震一时的老诗人，往往闹出
"出韵"的笑话：

　　湖口高碧湄大令心夔，少有才名；其骈文书
法及散体诗，均造深际。……殿试两次出韵，皆
在"十三元韵"中；遂列四等。衡阳王纫[壬]秋
阎运，赠以诗曰："平生两四等，该死十三元！"
（《庸盦笔记》）

这真是活埋青年、活埋天才的秦坑！

一五　官办"洋学堂"是怎样的

后来，满清政府也来办"洋学堂"了。可是人民说"上
洋学堂，会给洋人挖去眼睛的"，绝对不来。小康之家以上的
"爷们"，更是闻"洋学堂"之名而唾口水！梁氏记着：

……前清末年办学堂，学费、膳费、书籍费，
学堂一揽千包，还倒贴学生膏火；在这种条件底下
招考学生，却是考两三次还不足额。……好像拉牛
上树！（《十年双十节之乐观》）

　　"洋学堂"里像"拉夫"一样的拉到了一批不三不四的
学生了，以后又怎么样呢：

　　……但教方言以供翻译，不授政治之科，不
修学艺之术，能养人材乎？科举不变，聪颖子弟，
皆以入学为耻，能得高材乎？如是则有学堂如无学
堂。且也，学堂之中，不事德育，不讲爱国，故堂
中生徒，但染欧西下等人之恶风，不复知有本国。
贤者则为洋佣以求衣食，不肖者且为汉奸以倾国
基！如是则有学堂反不如无学堂。……（《政变原
因答客难》）

　　可不是吗，梁氏的预言，竟成为仙谶，当年北洋官费
留美培植出来的学生陈锦涛，老而不死，竟"为汉奸以倾国
基"！而且，后来比较规模像样的学堂，闹得也有督办、总
办、会办、坐办各大员的怪象。除了坐办算是坐在校内像个

1899年落成的南洋公学中院,为现在上海交通大学的前身

校长模样以外，督办大臣等，都是"身滞京邸"而遥遥指挥沪、宁各校。譬如南洋公学的监督、总办等，换了八九个，终未出北京一步。至唐文治始毅然出京莅校，一时惊为奇事，而有"模范堂长"之颂！

那时"文化界现形记"的电影，如此如此。所以，中山先生要手创学校于日本横滨，后来就交给梁氏去办理，此即名振一时的大同学堂。

第四节　梁氏后来对于祖国命运的影响

在这样地狱底层的教育状况，向后再看看康有为的万木草堂，虽然不过是一座规模较大的"经馆"，虽然《草堂学则》上所定的课程依然不脱顽固老儒的气味，而在当时，谁也目为这是地狱底层第一盏点起的明灯。再往后看看陈宝箴、黄遵宪、江标、熊希龄、梁启超、谭嗣同、唐才常等在长沙合办的时务学堂，那便算地狱底层的火炬了。至于被迫而敷衍的钦办京师大学堂，那又是一座老翁高坐的衙门，捐监入学的尾闾，与"学问"二字，如风马牛。一直要等到蔡元培先生来做校长，才算整顿而上轨道。

一六　文体的改革

若论文体的改革，梁氏的功绩，实在是他最伟大的所在。梁氏之后，胡适送他的挽联说：

文字成功，神州革命！

生平自许，中国青年。

继梁氏而起，而作更进一步的文体改革者，便是胡氏。所以胡氏对于任公这点上的功绩，认识得特别清楚。不错，你看了前面杨深秀所描绘、全国青年所摇头摆腰而吟哦的八股文，其内容的妖模怪样，肮脏龌龊，已经领教过了；若再跳出圈子来看看当年一班青年文豪，各家推行着各自的文体改革运动，如寒风凛烈中，红梅、腊梅、苍松、翠竹、山茶、水仙，虽各有各的芬芳冷艳，但在我们今日立于客观地位平心论之：谭嗣同之文，学龚定庵，壮丽颇艳，而难通俗。夏曾佑之文，更杂，《庄子》及佛语，更难问世。章炳麟之文，学王充《论衡》，高古淹雅，亦难通俗。严复之文，学汉魏诸子，精深邃密，而无巨大气魄。林纾之文，宗绪柳州，而恬逸条畅，但只适小品。陈三立、马其昶之文，桃祢桐城，而格局不宏。章士钊之文，后起活泼，忽固执桐城，作茧自缚。至于雷鸣潮吼，恣睢淋漓，叱咤风云，震骇心魂；时或哀感曼鸣，长歌代哭，湘兰汉月，血沸神销，以饱带情感之笔，写流利畅达之文，洋洋万言，雅俗共赏，读时则摄魂忘疲，读竟或怒发冲冠，或热泪湿纸，此非阿谀，惟有梁启超之文如此耳！即以梁氏一人之文论，亦惟有"戊戌"以前至"辛亥"以前（约1896—1910）如此耳。在此十六年间，任公诚为舆论之骄子，天纵之文豪也。革命思潮起，梁氏的政见既受康氏之累而落伍，梁氏有魔力感召的文章，也就急遽的下降了。可是就文体改革的功绩论，经梁氏等十六年来的洗涤与扫荡，新文体（或名报章体）的体制、风格，乃完全确立。国民阅读的程度，一日千里，而收获神州文字革命成功之果了。

一七　报纸的改革

除学校外，推进文化唯一的利器，则为报馆。辅助教育，启发民众，指导社会，介绍新学，宣传主义，主持公论，监督行政，纠弹非法，为民喉舌，……这许多神圣工作，都要靠报纸来负责实行。然而清末的报界状况又怎么样呢？凡是没有"洋人"与"租界"的都会，一概没有报纸：

> ……京都首善之区，而自联军割据以前曾无报馆，此真天下万国之所无也。每省之幅员户口，皆可敌欧洲一国，而除广东、福建外，省会之有报馆者无一焉。此亦世界之怪现象矣。……（《〈清议报〉一百册祝辞》）

有"洋人"与"租界"的都会，才有模仿洋人而办华文报纸的。梁氏说："近年以来，陈陈相接：惟上海、香港、广州三处，号称最盛。……"然而这类操于出身八股的无聊"文丐"之手的华文报纸，内容又怎样呢？

> ……每一展读，大抵："沪滨冠盖""瀛眷南来""祝融肆虐""图窃不成""惊散鸳鸯""甘为情死"等字样，阗塞纸面，千篇一律。甚者乃如台湾之役，记刘永福之娘子军！团匪之变，演李秉衡之黄河阵！明目张胆，自欺欺人。观其论说，非"西学原出中国考"，即"中国不亡是无天理论"也。展转抄袭，读之惟恐不卧！……"（同上）

我想现代有志青年，看着这样呕饭而又痛心的报纸，也要读之惟恐不卧！

一八　新兴各报述评

报纸的改革，与文体的改革，是有不可分离的关系。当时梁氏创办《时务报》《清议报》《新民丛报》《国风报》等于上海及日本。黄遵宪、谭嗣同、唐才常等创办《湘报》于长沙。陈范、蔡元培、章炳麟、章士钊等创办《苏报》于上海。严复、夏曾佑等创办《国闻报》于天津。日本留学生创办《译书汇报》《国民报》《开智录》等于东京。张继等

《清议报全编》

创办《国民日日报》于上海。其他为中山先生所领导的革命团体，在国内、国外创办了大量的日报与杂志，如《中国日报》（香港）、《民生日报》（檀香山）、《大同报》（旧金山）、《中兴报》（新加坡）、《革命军》（邹容作）、《惨世界》（苏元瑛作）、《荡虏丛书》（章士钊编）、《陆沈丛书》（陈去病编）、《黄帝魂》（上海）；及《汉帜》《汉声》《江苏》《浙江潮》《新湖南》《警世钟》《二十世纪之支那》（东京）等。就形质言，收获了"报纸改革"的成功。就超越的意义言，同时收获了"文体改革"的效果，并且即文体的改革为工具，为利器，连带收获了"政体改革"的成功，以至"国体改革"的成功。

第二章

亡国景象与维新初潮
——从梁氏诞生至戊戌政变

第五节　综叙

前清同治十二年，即公历一八七三年，梁启超生于广东省新会县崖山附近之熊子乡。字卓如，后来改字任公。别号饮冰室主人。这一年，是怎样的一个年头呢？中兴伟人曾国藩已在前一年逝世，左宗棠已六十三岁，李鸿章已五十一岁。梁氏的重要师友：李端棻四十一岁，黄遵宪约三十四岁，康有为十七岁。现代史上主角与梁氏有关系者：乱世奸雄袁世凯十五岁，建国中山先生八岁。戊戌成仁六君子，可考者：杨深秀二十五岁，刘光第十七岁，谭嗣同九岁，林旭后一年生。梁氏晚年学友王国维后一年生，弟子蒋方震后七年生，蔡锷后八年生。尽碎鸦片战争以来中国所戴之枷锁，而地狱底层黑暗之中，始睹一缕祥光之涌现！

第六节　亡国现象的种种

——梁氏生后的中国惨况

一九　祸根的溯源

此时就中国的命运而言，正如转巨石于危崖之上，一落千丈的衰颓，梁氏自述说：

……请看百年以来之事：乾隆中叶，山东教匪王伦之徒起，三十九年平。同时有甘肃马明心之乱，据河州、兰州，四十六年平。五十一年台湾林爽文起，诸将出征皆无功，五十二年乃平。而安南之役又起，五十三年乃平。廓尔喀又内犯，五十九年乃平。而五十八年，诏天下大索白莲教首领不获：官吏以搜捕教匪为名，恣行暴虐，乱机满天下。五十九年，贵州苗族之乱遂作。嘉庆元年，白莲教遂大起于湖北，蔓延河南、四川、陕西、甘肃，而四川之徐一德、王三槐等，又各拥众数万起事，至七年乃平。八年浙江海盗蔡牵又起。九年，与粤之朱濆合，十三年乃平。十四年粤之郑乙又起，十五年乃平。同年，天理教徒李文成又起，十八年乃平。不数年，而回部之乱又起，凡历十余年至道光十一年乃平。同时湖南之赵金龙又起，十二年平。天下凋弊既极，而鸦片战役又起矣。十九年英舰始入广东。二十一年取舟山、厦门、定海、宁波、乍浦，攻吴淞，下镇江。二十二年结《南京条约》乃平。而两广伏莽，已遍地出没无宁岁。至咸丰元年，洪、杨遂乘之而起，蹂躏天下之半！而咸丰七年，复有英人入广东据总督之事。九年，复有英法联军犯北京之事。而洪氏据金陵凡十二年，至同治二年始平。而捻党犹逼京畿，危在一发，七年始平。而回部、苗疆之乱犹未已，复血刃者数载，及其全平，已光绪三年矣。（《新民说·论进步》）

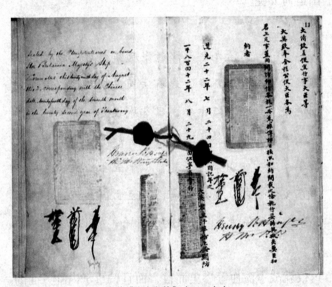

中英《南京条约》（1842年）

二〇　延续的天灾人祸

梁氏未生以前的中国国运如此，祸根延续，梁氏既生以后的国运何如呢？

> ……自同治九年天津教案起，尔后民教之哄，连续不绝。光绪八年，遂有法国安南之役，十一年割送安南始平。二十年，日本战役起，二十一年割送朝鲜、台湾，结《马关条约》始平。二十四年广西李立亭、四川余蛮子起，二十五年始平。同年，山东义和团起，蔓延各省，几至亡国；为十一国所挟，二十七年结《辛丑条约》始平……（同上）

这仅就战争流血等惨史而言，而且偏重于内乱方面的。

二一　此年的国际形势及世界大势

至于就梁氏生后的世界大势及国际形势去观察一下：这一年（1873），美国南北战争平定，重告统一，已经八年，"挤入列强之林"了；日本明治即位，维新成功，已经六年

第二次鸦片战争期间英军在广州登陆的情景

了；苏彝士（今译苏伊士）运河开通，英国握世界海权，已经四年了；普法战争终止，德国一跃为世界巨强，已经三年了；意大利马志尼、屈黎波（今译加里波第）的二杰，进军罗马，以后卒造成意国统一之基，正在这年。这许多列强，此时都成为天之骄子，而合力以对付这东亚老朽昏庸而遗产丰富的中国！大者则截肢体，小者则割一脔，而中国就无辜受着"车裂"及"凌迟"之惨刑！小者如"租界""租借地"，今姑不复叙述。其较大而割一肢一体者，如下表。

二二　中国遭受瓜分的"史迹表"

咸丰十年（1860）　　割东海滨省及库页岛于俄。

同治三年（1864）　　俄私取我中亚藩属地塔什干
　　　　　　　　　　（Tashkand）。

六年（1867）　　　　俄私取我中亚藩属地撒马尔罕
　　　　　　　　　　（Samarkand）。

七年（1868）　　　　俄灭我侨民建立之中亚藩国布哈尔
　　　　　　　　　　（Bukhara-Khan）。

十一年（1872）　　　俄灭我侨民建立之中亚藩国基华
　　　　　　　　　　（Khiva-Khan）。

光绪二年（1876）　　俄灭我侨民建立之中亚藩国浩罕
　　　　　　　　　　（Khokand-Khan）。

五年（1879）	日本私取我六百年太平洋藩国琉球。
十一年（1885）	法割我秦汉以来已成内地之安南全部。
同年（1885）	英法瓜分我中南半岛之藩国南掌。
十二年（1886）	英灭我滇民建立木梳部朝之缅甸全国。
廿二年（1896）	日本割我藩国朝鲜及内省台湾。

二三　帝俄侵华的阴谋

舐糠及米，剥床及肤，到了十九世纪除夕（1899）的前夜，那风声愈传愈紧，中国已成为列强俎上之肉，只待手起刀落而已！梁氏说：

> ……曾不知"支那股份之票"，已骈阗于西肆。"中国瓜分之图"，已高张于议院！……（《南学会叙》）

明年（1900），二十世纪开始，果然全世界十一国联军共陷中国的首都！这真是"开刀大吉"的时候了，然而何以忽然又不瓜分了呢？别的原因虽有，而其中最大的秘密原因，是俄、日两帝国都怀着不可告人的鬼胎、野心，妄想独吞中国，而暗中加以破坏。帝俄当时的妄想独吞中国，可以从东三省占领后绝对不肯撤兵，及后来与李鸿章签订中俄密约二事来证明。

八国联军进攻北京

二四 暴日蓄志亡华的野心

至于日本，人家都以为它近年来才开始蓄意妄想独吞中国，但在八十年前，当日本还是一个闭关自守、微弱贫困、"显微镜下的小国"的时候，已经企图"巴蛇吞象"，"蚍蜉撼树"，早已想独吞中国，"为中华主"了。你或者要吃一惊吧？

蛮徒丰臣秀吉，我们不必再谈。名闻一时的维新首勋的志士吉田松阴，不分国界，我们是何等敬重他啊！但他在狱中所著的《幽囚录》中，明明白白的说：

> ……今急修武备，舰略具，炮略足，则宜开发内诸侯，乘间夺加模、察加、澳都加；谕琉球朝贡，会同内诸侯；责朝鲜纳质、奉贡，如古盛时；北割满洲之地，南收台湾、吕宋诸岛，渐示进取之势。然后爱民养士，慎守边围，则可谓善保国矣。……

这是第一步骤，但还想步武辽金之对付南北宋。所以帖中便毫不讳言讲第二步骤，说：

> ……培养国力，兼弱攻昧；割取朝鲜、满洲，并吞中国。所失于俄、美者，可取偿于朝鲜、满洲……

你看八十年来日本凶恶的政客与军阀，所有的一举一动，哪一件不按照着吉田松阴的遗志，按谱踏拍在那里进行！

还有一个比较吉田松阴时代略前的志士，名佐田信渊。他的名著《混同政策》，里面说：

> ……凡侵略他邦之法，必自弱而易取始。当今世界万国中，我日本最易攻取之地，无过于中国之满洲者。何则？满洲之地，与我日本之山阴、北陆、奥羽、松前等处，隔一衣带水，遥遥相对。距离不过八百里，其势之易于扰乱可知也。故我帝国何时方能征讨满洲，取得其地，虽未可知；然其地之终必为我有，则无可疑也。夫岂但取得满洲已义！支那全国之衰微，亦由斯而始。既取得鞑靼（指蒙古地）以后，则朝鲜、中国，皆次第可图矣！……

我们读了这样明目张胆的"吞华论"，回头来看什么"田

1903年《俄事警闻》刊登的《时局图》

中奏折"内所说的"欲征服世界，必先征服中国；欲征服中国，必先征服满洲"就可不必惊怪。因为这不过是日本八十年来上上下下人人暗诵的一句口头禅罢了。

如果有人推诿说，这是在野志士的言论。那末在朝诸侯的言论何如呢？诸侯岛津齐彬评论李鸿章的割弃安南事，说：

……不图清国一弱至于如斯也！以彼地广人众，岂无忠臣义士！而鸦片战争以后，政治仍然不整。内有长发之扰，外被英、法之侵；割地请和，天子蒙尘，谓非耻辱之大者耶？我国介在东陲，诚不可不早为之备。英、法既得志于清，势将转而向东。先发制人，后发制于人。以今日之形势论，宜先出师，取清之一省，而置根据地于亚东大陆之上。内以增日本之势力，外以昭勇武于宇内！则英法虽强盛，或不敢干涉我矣。夫清国沿海诸地，关系日本国防者，惟福州为最。取而得之，于国防有莫大之利益焉。况清人与日本人异，苟兵力足以制其民，则无不帖然服从！彼英、法远隔重洋，尚不惮用兵之劳以取之，况我日本乎。……然清国素以地广人众，傲慢自尊，视日本如属邦！……故我之入手第一着，当以防外夷之攻略为上策。或助明末

八国联军在北京紫禁城阅兵

之遗臣，先取台湾、福州二地，以去日本之外患。虽取此二地，即我萨隅之兵已足。惟无军舰则不足以争长海上。故当今之计，又以充实军备为急图。

现在也有人说，李鸿章对于安南之役，收拾得如此潦草，结束得如此荒唐，土地割送得如此轻松而巨大，宁受中外同声的唾骂而不恤，正是因为李氏那时已经秘密探到日本吞华的国策。巨祸将发于肘腋之间，故其外交重点，突然离法而谋日。此说是否正确？现在还无法证明。但安南之役以后，中日二国都开始竞争"新海军"的创建，那倒是有目共睹的事实。

要说当时日本吞华的野心，中国方面完全不知道，那也决非事实所宜有。汉学甚深、道德甚高的犬养毅氏，和孙、康、梁，都是至交。但他也会亲向任公吐出肺腑之言：民国纪元前十三年——一八九九年，梁氏有澳洲之游，往拜犬养木堂：

　　……犬养木堂（毅）语余云："日本今无事可做，惟将投身于亚洲大陆耳！"……（《饮冰室诗集·壮别二十六首》中自注）

这话是在庚子八国联军之役的前一年说的。由此可知，

北洋水师"济远"舰

北洋水师"致远"号官兵，居中双手交叉者为邓世昌

纵然中国无"拳匪"的内乱，纵然全世界列强都要保全中国，而日本的居心，无论有道德、崇汉学的学者，以及吃人肉、亡人国的军匪，人人都毫不留情地要吞中国而帝中华！我现代多血多泪的有志青年啊！如果你生长在这时候，你将要如何的悲愤切齿、奋发淬砺啊！

第七节　梁氏幼年的家庭生活及家乡环境

二五　镌留着悲壮史迹的"崖山"熊子乡

熊子乡——这梁氏降生的地点，也足够刺激梁氏一生之荣誉和热血。何以故？梁氏自己就曾说过：

> 余乡人也，于赤县神州有当秦、汉之交，屹然独立群雄之表数千年，用其地与其人，称蛮夷大长！留英雄之名誉于历史上之一省。于其省也，有当宋、元之交，我黄帝子孙与北狄异种血战不胜，君臣殉国，自沈崖山！留悲愤之纪念于历史上之一县。是即余之故乡也。……余实中国南端之一岛民也。……（《三十自述》）

梁氏以一"数百年栖于山谷"而为"岛民"之特质，而自幼即受本乡过去"光荣"和"悲痛"两大纪念之刺激，梁氏一生命运"种子的薰习",即奠基于此时。

二六　祖榻上的口训

他脑海薰习中所受最早、最洁、最纯和一生印象最深的，当推他祖父梁维济的口训。

> 余逮事王父者十九年。……王父爱余尤甚。四、五岁，在王父及母膝下授四子书、诗经。夜则就睡王父榻，日与言古豪杰、哲人嘉言懿行，而尤喜举亡宋、亡明国难之事，津津道之！……（同上）

后来，梁氏虽然受"康党"所挟持，不能始终追随中山先生以倒满清，但他在光绪三十一年（1905）所发表的言论，竟是一个激烈的革命党！

> ……鄙人诚非有所爱于满洲人也。……鄙人虽无似，抑亦一"多血多泪"之人也。每读《扬州十日记》《嘉定屠城纪略》，未尝不热血溢涌！故数年前主张"排满论"，虽师友督责日至，曾不肯即自变其说。至今日而此种思想蟠结胸中，每当酒

梁启超新会故居旁边的梁先生纪念馆大厅

酣耳热，犹时或间发而不能自制。苟使有道焉，可以救国，而并可以复仇者，鄙人虽木石，宁能无歆焉！……（《申论种族革命与政治革命之得失》）

像这种明确痛快的文章，真可与当时革命党的宣传品的笔锋，交相比美。严复批评"梁氏实为亡清代二百六十年社稷之人"（见《学衡》杂志：《严几道与熊纯如手节》），虽然未免推奖过甚，然而他的首先发难的功绩，实在是不容否认。而梁氏也曾说：

当光绪、宣统之间，全国有智识、有血性的人，可算没有一个不是革命党。但……手段却有小小差异：一派注重种族革命，说是只要把满洲人撵跑了，不愁政治不清明；一派注重政治革命，说是把民治机关建设起来，不愁满洲人不跑。……（《时事杂论·辛亥革命的意义》）

这话可以代表当时多少有血性的人的意见，虽不可知；但无论如何，却确确实实可以代表梁氏个人当时的意志和行动。

二七　开始离乡——睁开眼睛了

童年的梁启超，究竟不过是一个不见世面、孤栖山海的"岛民"，然则他后来一生的政治、民族、文化等意识，是怎么样养成的呢？他虽然是一个聪明绝顶的天才：六岁，五经卒业。九岁，能做千言的文章。十二岁，便中秀才。可是天天所埋头钻研的，不过是"八股"。虽是他自己极其讨厌"八股"，然而不知天地间除了"八股"以外，还有所谓"学问"！他说：

> ……余自先世数百年，栖于山谷。族之伯叔兄弟，且耕且读，不问世事，如桃源中人。余生九年，乃始游他县。生十七年，乃始游他省。犹了了然无大志。梦梦然不知有天下事！余盖完全无缺，不带杂质之乡人也。……（《夏威夷游记》）

中了秀才以后怎么办呢？

> ……十三岁，始知有段、王训诂之学，大好之。……肄业于省会之学海堂。堂为嘉庆间阮元

所立，以训诂、词章课粤人者也。至是乃决舍帖
括（即八股），以从事于此。然不知天地间于训
诂、词章之外，更有所谓"学"也。……（《三十
自述》）

那时全国所通行的口号，连"灶下老婢"都知道的，叫
做："穷秀才，富举人！""一举成名天下闻！"中了举人，那还
了得！而梁启超十七岁就中了举人。主考官为贵阳李端棻，
酷爱这位青年新贵，却认为"国士无双"，打破社会地位的悬
殊，就把他的妹妹许配给梁氏，并且就携挈着同赴北京去殿
试。这回可下了第。好得很哩，如果梁启超十八岁就点了翰林
的话，那末轰轰烈烈"戊戌政变"的主角，没有梁启超其人
了。而梁氏如不经过十四年亡命生涯，那末这期间可泣可歌的
雄文，也不会流传于天地间了。

下第归上海，购得《瀛寰志略》，才知道全球五大洲的
形势及世界万国的部位大小，原来如此。于是索性把江南制造
局所译的新书，大部是天、算、医、工、理、化等著作，不管
懂不懂，都挪来硬读一顿，虽然不能消化，可是新生命和新血
液，就此开始灌注入梁氏的体中了。

第八节　康梁会接
——关于思想、学术、政治的渊源

　　这里我们要叙说到梁氏的老师——决定梁氏半生命运的老师兼党魁，一位过渡时代必须牺牲的失败怪杰——叫做康有为的故事了。

二八　康有为氏的速写

　　那绰号叫做"圣人为"或"康圣人"的怪杰，他是广东南海县人，出身于理学名门的宦族，原名祖诒，字广夏，号长素。少时受业于名儒朱九江先生甚久，——这位朱次琦是调和理学上的程朱、陆王两派而不讲考据的学者。康学终生以此为基础。但康是一位野心蓬勃、开展前进、活泼飞跃的人。而港粤又是西洋文明的精华及渣滓杂凑之地。康的前进欲与求知欲，大大感觉不够。于是一人独居在西樵山上四年，把那时译出来的西洋学说，"皆初级普通学，及工艺、兵法、医学之书，及耶稣经典……"等一顿乱读，又乱读一顿佛经，乱翻一顿"九通"，便自以为"学贯天人"，思通六教，包罗古今中外，新旧博通，"内圣外王"的盖世奇才、通人、大儒了。其实，以他的这样毫无科学训练的脑筋，毫无基本科学的常识，一人在山，把西洋科学、印度佛学、中国经史理学，乱读杂翻，胡思玄想，忽然自以为"恍然大悟"，说出来那真是"妙不可言"！他不知道这不过是"知识欲的冲动"，而决不是"求学问的正确轨道"。然而因其鹤立于一般"冬烘秀才""腐朽大老"之上，致养成他"予智自圣"的夸大狂态度，不肯随时代而进步，到底被时代所遗弃而消杀！哀哉！那时候康氏才二十八岁。

这大胆勇猛的"圣人为"，"自光绪十五年（1889），即以一诸生伏阙上书极陈时局，请及时变法以图自强。……甲午败后，又联合公车千余人，上书申前议。……自此以后，四年之间，凡七上书。其不达也如故，其频上也如故。举国流俗非笑之、唾骂之，……先生若为不闻也者。……"（《南海康先生传》）他的"热诚"与"胆气"，倒真可佩服。

二九　万木草堂的内容

康氏就在这上书不达的时候，在广州长兴里万木草堂，开门讲学。这颇着一时盛名的长兴学舍，虽然仍是以前"书

戊戌变法的主角康有为，一位在历史上饱受争议的人物

万木草堂本是丘氏宗祠，也是清末岭南三大诗人之一的丘逢甲族人祭祖、授课之地。康有为开学收徒时借用了此处

院"的形式，而智德体三育并重和课程的分设，颇有后来文法科大学的规模。他自任"总教授""总监督"。另设"博文科学长"，类似教务长。"约礼科学长"，类似训导长。"干城科学长"，类似军训及体育主管。"书器科监督"，类似图书馆长。他们的课本是：宋元明儒学案、"二十四史"、《文献通考》……等。"凡学生，人置一劄记簿，每日各自记其内学、外学，及读书所心得，时事所见及，以自课。每朔则缴呈之，先生（康）为之批评焉"（《南海康先生传》）。

三〇　长兴学舍的教育大纲表

兹记录当时长兴学舍的教育大纲，造一学表。

梁氏因陈千秋（通甫）、曹丁泰（著伟）二志士的介绍，脱离了陈腐过时的学海堂而转学入这新鲜自由的长兴学舍，且惊且喜，就在这样的"学风"与"学科"之下，受深刻熏染者四年。

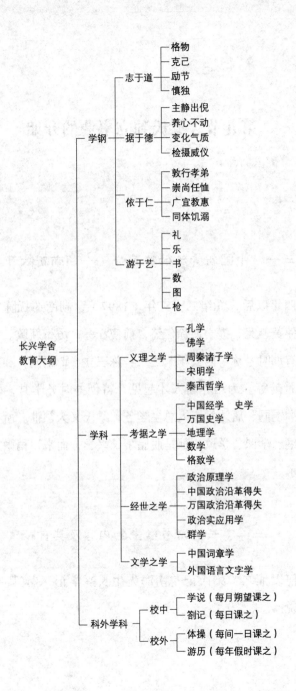

长兴学舍
教育大纲

学纲
- 志于道
  - 格物
  - 克己
  - 励节
  - 慎独
- 据于德
  - 主静出倪
  - 养心不动
  - 变化气质
  - 检摄威仪
- 依于仁
  - 敦行孝弟
  - 崇尚任恤
  - 广宣教惠
  - 同体饥溺
- 游于艺
  - 礼
  - 乐
  - 书
  - 数
  - 图
  - 枪

学科
- 义理之学
  - 孔学
  - 佛学
  - 周秦诸子学
  - 宋明学
  - 泰西哲学
- 考据之学
  - 中国经学　史学
  - 万国史学
  - 地理学
  - 数学
  - 格致学
- 经世之学
  - 政治原理学
  - 中国政治沿革得失
  - 万国政治沿革得失
  - 政治实应用学
  - 群学
- 文学之学
  - 中国词章学
  - 外国语言文字学

科外学科
- 校中
  - 学说（每月朔望课之）
  - 劄记（每日课之）
- 校外
  - 体操（每间一日课之）
  - 游历（每年假时课之）

071

第九节 梁氏独立事业的开始

三一 中国新青年的群英会——湖南新政开幕

四年以后，光绪二十三年（1897），湖南巡抚陈宝箴、按察使黄遵宪、提学使徐仁铸，前使江标，厉行新政。辅助他的，有那时号称"四公子"之二：陈三立、谭嗣同，和在籍名流熊希龄等。为培养新人才起见，特创办时务学堂，聘梁启超、谭嗣同、唐才常三人总主学务，梁氏又为领袖。所有一切的学纲、学课、学风，都是脱胎于长兴学舍而来，稍微加以变化罢了。

三二 长沙时务学堂的内容及其贡献

何以证之？梁氏记"南海先生长兴学记"，演其始教之言，说：

（一）立志（二）养心（三）读书（四）穷理（五）经世（六）传教（七）学文（八）卫生（《万木草堂小学学记》）

而他在四年后主办长沙时务学堂时，所公布的学约也说：

……一曰立志。……二曰养心。……三曰治身。……四曰读书。……五曰穷理。……六曰学文。……七曰乐群。……八曰摄生。……九曰经世。……十曰传教。……

……凡学者每人设劄记一册，分"专精""涉猎"二门。每日必就所读之书，登新义数则。其有疑义，则书而纳之待问匦以待条答焉。其详细功课，别著之学校报中。……每刚日，由教习随举西书格致浅理，或目前事理数条以问之，使精思以对。……每柔日，由教习随举各报所记近事一二条，问诸生以办法，使各抒所见（皆以笔谈）。……每月以数日为同学会讲之期，诸生各出其劄记册，在堂互观。或有所问，而互相批答。上下议论，各出心得，其益无穷，凡会讲以教习监之。……（《湖南时务学堂学约》）

长沙时务学堂是现湖南大学的前身

……时务学堂，……国中学校之嚆矢。……学科视今日殊简陋，除上堂讲授外，最主要者为令诸生作劄记，师长则批答而指导之。发还劄记时。师生相与坐论。时吾侪方醉心民权革命论，日夕以此相鼓吹。劄记及批语中，盖屡宣其微言。湘中一二老宿，睹而大哗！群起掎之。新旧之哄，起于湘而波动于京师。御史某（按：即杨崇伊）刺录劄记全稿中触犯清廷忌讳者百余条，进呈严劾；戊戌党祸之构成，此实一重要原因也。……（《时务学堂劄记残卷序》）

在这样一种不拘形式，而朝气蓬勃、精神充沛、乐趣的、进取的学风之下，自然能够造就出非常奇伟的人才来。当初时务学堂第一班的学生只有四十人，而五分之二都成了革命先烈，或开国名人。庚子汉口革命之役，教习唐才常率领学生林圭、李炳寰、田邦璿、蔡钟浩、傅兹祥等二十余学生，受着孙、梁共同的指挥，联合会党举义兵不成，踏着"戊戌六君子"的碧血，而碎首成仁于国贼张之洞之手。以上六人，就是所谓"庚子六君子"！时务学堂第一班的学生已去了一半。那时四十门徒中，最小的一位蔡艮寅，只有十六岁，大家都很爱他，他便是我中华民国建国伟人中的一位，民四护国之役的元勋——蔡锷将军。门徒中最穷苦的，要推范源濂，他在开国时期，终身致力于教育事业；他在中国教育界、一般文化界及生物学界建设的成绩是决然不朽的。此外军事学专家蒋方震（百里），也是那时四十门徒之一。其余也不必枚举。总之，这样一种"设备不具"的学堂，竟培养了如此伟大、质量俱优的杰出人才，真是收获着"乐育英才"最大的成功。

我们试把其余通都大邑或租界上所矗立着的"洋楼官学堂"，挪来做一个对照。以"样子"论，他们是巍峨骄挺。以内容论，他们是：

> ……各省纷纷设学堂矣。而学堂之"总办""提调"，大率皆最工于钻营奔竞，能仰承长吏鼻息之"候补人员"也。学堂之教员，大率皆"八股名家"，弋窃甲第，武断乡曲之钜绅也。其学生之往就学也，亦不过曰"此时世装耳！此终南捷径耳！与其从事于闭房退院之诗云、子曰，何如从事于当时得令之ABCD"。考选入校，则张红燃爆，以示宠荣。资派游学，则苞苴请托，以求中选。若此者，皆今日教育事业开宗明义第一章，而将来为一国教育之源泉者也。试问循此以往，其所养成之人物，……可以立于今日民族主义竞争之潮涡乎？……（《新民说·论进步》）

无怪乎严复、周树人（鲁迅）等，都要逃出海军学堂，章士钊、穆湘瑶、胡敦复等，都要逃出陆师学堂，此中症结，你就可以恍然大悟了。

三三　启发新智的第二步骤——创学会

以上是叙述梁氏青年时代承康氏作风，所推行"维新"实际方法之第一步骤——办学校。

办学校，是专以培植继起的少年子弟，是储才以留待将来之用的。如果要急切改进一般成人的智识的头脑，启发目前蒙昧无知的社会，那末当另求方法。康、梁所应用的第二步骤是创学会。

会社，倒是中国固有的国粹，明末士大夫组织的复社、几社、应社、读书社，以及其他的××文会、××文社等，真像丛林一样矗立着，但都被满清入关后用"杀头的压道机"来压平了。到康有为乃重新兴起：

> ……凡讲学莫要于合群。盖以得智识交换之功，而养团体亲爱之习。自近世严禁结社，而士气大衰。国之日屏，病源在此！故务欲破此锢习，所至提倡"学会"。虽屡遇反对，而务必达其目的然后已。……（《南海康先生传》）

李剑农的《中国近百年政治史》上，也简要的叙述：

> ……康氏宣传主义的方法，首先就是创立"学
> 会"，……他在广西讲学的时候，曾经创立一个"桂
> 学会"。丙申年在北京，遇到文廷式等一班名士，
> 组织"强学会"；他就抓住这个强学会，推张之洞
> 作会长。袁世凯也是强学会的赞成人。又设分会于
> 上海。北京的强学会，并附设强学书局，……御史
> 杨崇伊受人唆使，说强学会的宗旨不正当，随即奏
> 请把它封禁了。……后由御史胡孚辰奏请就强学书
> 局改设官书局，李端棻又奏请推广学校，将官书局
> 推广，改为京师大学，就是北京大学的前身。……
> （《中国近百年政治史》第四章第三节）

强学会的后果，钜大难量，虽为朝廷所封禁，却正抬高
它的身份。

> ……然自是"学会"之风遍天下，一年之间，
> 设会百数！学者不复以此为大戒矣。……（《南海
> 康先生传》）

梁氏所记,与李氏稍异,他说:

> ……乙未七月,京师强学会开,发起者南海先
> 生;赞成者:陈炽、沈曾植、张孝谦、袁世凯等。
> 余被委为会中书记员。不三月,为言官所劾,遭封
> 禁。……(《三十自述》)

这是可以补正李氏的《中国近百年政治史》的。强学会
封禁了!可是,不久(1897年)德国强夺胶州湾的巨波又
压过来了。全国的文人士大夫,又沸腾起来,"保国"!"保
国"!这样地赤手空拳,高声大喊。康有为紧紧抓住这时
机,在京师号召"保国会"。这谁都不便再说"宗旨不正当"
的鬼话了吧?于是康氏就把保国会的组织,尽量推广到各地
方行省去:

> ……先是,胶警初报,事变甚急。南海先生
> 以为振励士气,乃"保国"之基。……欲令各省
> 志士各为学会,以相讲求,则声气易通,讲求易
> 熟。……于京师先倡粤学会、蜀学会、闽学会、
> 浙学会、陕学会……等。而杨君锐实为蜀学会之
> 领袖。君(林旭)遍谒乡先达鼓之,一日而成。
> 以(戊戌)正月初十。开大会于福建会馆,闽中

士大夫皆集，而君实为闽学会之领袖焉。及开保
国会，君为会中倡始董事，提倡最力。……（《林
旭传》）

三四 长沙南学会概述

正在这同一时间之内，陈宝箴、黄遵宪、徐仁铸在湖
南推行新政；梁启超、谭嗣同、唐才常在长沙讲授新学；江
标、陈三立、熊希龄等在夹辅维新。这一班人受到北京如此紧
张的电浪，那有不立刻响应之理！于是湖南的"南学会"大放
光彩的成立起来了。谭嗣同被推为南学会的会长，有声有色的
慷慨论天下事：

> ……君（谭氏）……独留长沙，与群志士办
> 新政。……而以南学会最为盛业。设会之意，将合
> 南部诸省志士，联为一起；相与讲爱国之理，求救
> 亡之法；而先从湖南一省办起，盖实兼"学会"与
> "地方议会"之规模焉。地方有事，公议而行；此
> "议会"之意也。每七日大集众而讲学，演说万国
> 大势及政学原理；此"学会"之意也。于时君实为
> 学会长，任演说之事。每会，集者千数百人；君慷
> 慨论天下事，闻者无不感动。故湖南全省风气大

开，君之功居多。……（《谭嗣同传》）

看了上面的叙述，知道这南学会的作用，确系比众不同。它的本身的意义，是"推行地方自治机构"及"政治学会"。而就这"地方"的区域性质而言，那又不叫湘学会而叫南学会。目的在"合南部诸省"，不过"先从湖南办起"。如果真能容许它办到"地方有事，公议而行"八字，那末它兼有"立法权"与"监督权"。充其量"南部诸省"早不是清廷所有了。可是，天下事决没有如此简单顺利的，不上半年，反动的旧力，如冷酷无情的北风怒吼南奔，这些灿烂微弱的昙花，一霎儿烟消云散了。

三五 "明""暗"二力的闪电战

戊戌（1898）八月政变的失败，中国以前所有一切的微光与微温、种子与幼芽，都沉埋在冰河深渊中了。只剩几头"寒冰地狱的鬼王"，——那拉后、荣禄之流——冻血淋漓。在刀山上嚼中华青年的嫩骨！举头一望，但见一面是无数：赤身裸体，遮着红肚儿，画着八卦，挪着混天大旗、引魂幡、雷火扇、阴阳瓶、九连环、如意钩、火牌、飞剑、三尖钢叉、八宝法物的怪东西，蠕蠕而动，到处找"洋人"来杀。这就叫做"义和团"。一面是无数怒发冲冠、悲愤填膺的青年，怀着炸弹、手枪，甚至可以说是提着自己的头颅，踏着前人的血迹，前仆后继的起义，这就叫做"革命党"。除了这二种实际行动的人物以外，赤手空拳"康、梁式"的维新志士，在国内已无活动的余地，只有亡命到海外去慷慨论天下事了。

以后所有的"学会"，都秘密含有革命的使命，与前期的学会，性质根本不同。公车上书式的最后一次集会，是庚子年上海张园所召开的国会，算是前期式学会的一个结束。

当唐才常在上海组织"正气会"时，拳乱方始萌芽。未几，改为"自立会"，谋在长江一带起事，及至六月拳乱大作，北方名士如严复等，也避地南下至上海，唐才常便假保国会时的名义，运动在沪各省的维新志士，开会于张园，名之曰"国会"。到会的名流，有容闳、严复、章炳麟、宋恕、吴葆初、张通典、狄保元、马相伯、戢元丞、文廷式、沈荩、龙泽厚等，共约数百人。推容闳为会长，严复为副会长，唐才常为总干事。开会的时候，章炳麟当众把辫发剪去，表示对于满清决绝，颇耸动一般人耳目。其实这个会，参与分子很复杂，……大多数会员，不过震于"国会""民权"等新说，乘兴来会罢了。……（《中国近百年政治史》六章二节）

1900年，英国人镜头下的义和团：一群骨瘦如柴的农民

此后集会的中心，全中国都移在上海租界上了。而会中的主角，大抵都受有中山先生的感召，带有革命思想的了。譬如（1）戢元丞、秦力山……等创设"新社"；（2）章炳麟、蔡元培、黄宗仰等创立"中国教育会"；（3）吴敬恒、蔡元培等创立"爱国学社"；（4）陈去病、刘光汉（师培）等创立"南社"；（5）钮永建等创立"军国民教育会"；（6）章炳麟、徐锡麟等创立"光复会"，黄兴、宋教仁、杨笃生等创立"华兴会"。那都是朝宗归海于中山先生的"兴中会"的。

三六　推行维新的第三步骤——办报纸

康、梁因戊戌的打击，在国内所经营创办的学校与学会，，既扫地无余，那末他们第三个步骤是什么呢？是办报。

"报"——本来是中国流行最早的，历代的"邸抄"，就是政府公报。至于现代新式报纸，那末滥觞于鸦片战争以后若干年，香港及上海侨居外人所办之报纸。康有为已经明白知道：学校、学会、报纸，是三位一体，互相为用，缺一不可的。所以当在北京办强学会时，特派梁氏办报，那时所办的报，艰苦卓绝得可敬，而简陋幼稚得可笑。

　　……甲午丧师以后，国人敌忾心颇盛，而苦

《强学报》第一号

瞀于世界大势。乙未夏秋间，诸先辈乃发起一强学会，今大总统袁公，即当时发起之一人也。……彼时同人……最初着手之事业，则欲办图书馆与报馆。袁公首捐金五百，加以各处募集，得千余金。遂在后孙公园设立会所。向上海购得译书数十种。而以办报事委诸鄙人（梁氏）。当时目无自购机器之力，且都中亦从不闻有此物。乃向售"京报"处托用粗木版雕印。日出一张，名曰"中外公报"。只有论说一篇，别无记事。鄙人则日日执笔为一数百字之短文，……当时安敢望有人购阅者，乃托售"京报"人随"宫门钞"分送诸官宅；酬以薪金，乃肯代送。办理月余，居然每日发出三千张内外。然谣诼蜂起，送至各家者。辄怒以目。驯至送报人惧祸，及悬重赏亦不肯代送矣。其年十一月，强学会遂被封禁。……（《初归国演说，鄙人对于言论界之过去及将来》）

这一事，是梁氏平生新闻事业开始的第一章；也是近代中国有正式意义的新闻开始的第一页。梁先生晚年还亲自对其昌说："当时虽在极端艰难困苦之中，而兴趣极高。有时木版雕刻来不及印，甚至间用泥版凹文代印的，其可笑到如此，而同人等对之皆津津有至味。对于这报纸热烈帮助的，还有你们浙人张菊生（元济）、汪伯唐（大燮）、孙慕韩（宝琦）三公。"事隔三十年，梁先生对我讲述这段故事，还是眉飞色舞。因为那时的梁氏老早已经明白"学校的对象，是培植青年后起人才。学会的对象，是联络成年智识阶级。报纸的对象，是启发社会一般民众"的原理了。所以京师的强学会，及《中外公报》，被封禁了，但这是初涌之潮，岂是人力所能遏制的！他们就转其帆以向上海。

三七 《强学报》与《时务报》

上海的强学会分会的情形，是怎么样的呢？初时由会中发行一种《强学报》，经济的支持是靠张之洞的。后来因为这《强学报》上常常不用"大清光绪……"纪年，而用"孔子降生……"纪年；这虽然可以说是模仿公历之以耶稣降生为纪年，但是把这位张大帅骇慌了！不得不勒令禁止。这班维新志士。那里肯休；刚刚碰到梁启超转帆南下，就紧握机会，由黄遵宪、汪康年、梁启超、麦孟华、徐勤等名义发起，总组《时务报》。公推梁氏任总土笔。梁氏得以自由发挥其文豪的天才，也就在此报。于是声名隆起，甚至并驾其师，而曰"康、梁"，也就在此时。更有一件趣事，梁氏的晚年学友——国际史学权威者王国维，此时正在时务报馆中当一名小书记，还没有资格和梁氏对面谈话呢！梁氏说：

丙申二月南下，得数同志之助，乃设《时务报》于上海，其经费则张文襄（之洞）与有力焉。而数月后，文襄以报中多言"民权"，干涉甚烈。其时鄙人之与文襄，殆如劳工者与资本家之关系。少年气盛，冲突愈积愈甚。……（《对于言论界之过去及将来》）

明年（1897）冬天，梁氏反抗资本家张之洞之压迫，便飘然远行，溯江而西，到长沙去大会群贤，轰轰烈烈地推行新政了。

又隔一年，便是戊戌（1898），梁氏重到北京，暂时脱离言论文笔生涯，参与实际政治运动，而演出一幕中国历史上划时代的、血迹永不磨灭的悲剧，就是人人所周知的所谓"百日维新""戊戌政变"了。

晚清四大名臣之一张之洞（左）与其弟张之万（右）

第三章

维新的失败与革命的成功
——自戊戌变法至梁氏亡命

第十节　促成戊戌变法的原因

三八　综述

今先简要阐述戊戌政变的原因。原因甚不简单，为提纲挈领起见，可先分为"外激的…'内根的"两大类：

（甲）关于"外激的"原因，又可分为"远因""近因"两大组。

（乙）关于"内根的"原因，亦可分为"远因""近因"两大组。兹分别备述之。

三九　外激的远因

（A）关于"外激的远因"，又可分下列四项述之：

（1）由于中国之闭关政策

康熙时代，那时西方的文艺复兴，科学发达，都还不久。康熙帝极力提倡欧洲文化，亲自学习拉丁文及代数，大量欢迎明末以来挟其科学而来华传教的、智德俱高的教士。一时中国吸收西洋文明，呈蓬勃之概，至少不在彼得时代的俄国之下。使能继续遵循此轨道，则中国之科学化、工业化，要提早三百多年！中国的国际地位和文化地位，后来决不至堕入地狱的底层！不幸，簸弄中国命运者——雍正，因为他私人皇位的暗争，无端牵涉到宗教团体的暗争。他恨一班西洋教士，帮助他"文明而又仁慈"的政敌哥哥，接位之后，把西洋的文化人，全数驱逐出国！两扇大门一闩，从此以后，中华全国成了隔绝世界的孤岛，全体民族成了伏居土穴的鼢鼠！世界天天在不断地进步，而满清宰制下的中国，"夜郎自大"，崇炫自己的文化，在那里闭着眼睛自吹自尊！譬如戴东原，这样自骄自夸的学者，竟说"中国古代的算术，高出于西算"！对于西洋一切一切的进步与发明，当然丝毫都不知道。郭嵩焘说了一句"现在的夷狄也有数千年文明"的话，京师的士大夫愤怒得发了狂！一八九七年（丁酉），意大利学者马可尼（Marconi）氏，已经发明无线电了，而在中国，也居然自称"学者"的叶德辉，正在同时大讲"五行之位首东南"，"五色黄属土，土居中央：中国人是黄种，天地开辟之初，隐与中位"等童话——长胡须老头儿所说的无耻又无味的童话。如果长此闭关下去，再昏昏颠颠的睡一千年，那末又当别论。可是这紧闭的大门，给英国"海盗型"的鸦片商，用炮舰来轰得七穿八洞！逼迫你允许卧榻之旁最肥美的所在，不客气地由他们兴家立业起来。辱国丧权的愤慨以外。单就这三百年来文化的飞跃与落伍，双方觌面的对照，美丑之别，不是盲人，都要感觉到无比的自愧与难堪。尤其是南方各省为甚。不过这批八股文人，智识太低，自私太重，素无国家民族的观念、合群参政的习惯（这是要杀头的），从没有伟大不怕死的民众领袖，为之代言、宣发、组织、领导，来实地行动罢了。那时忍着难堪之耻，稍有血性的文人，正苦于"群龙无首"之时，康、梁、谭等恰恰适合那时"文人阶级"中大胆不怕死的领袖。所以康有为某一次在明杨椒山先生故宅松筠庵集合青年上书时，联名者约二千人。戊戌政变，可以说是闭关以后，中国文化突然落伍，受刺激的优秀民族，必然奋起的斗争。

（2）由于鉴于俄皇大彼得西化富强的歆羡

康氏第五次上书中，已经明白地条陈三策。上策——第一策，是：

取法于俄、日二国，以定国是……

在大彼得以前不久，蒙古人奴役下的俄国，那时还是一獉狉未开化的民族。大彼得正与康熙同时的，因他的不顾一切，实行欧化，居然二百年以后，跻于世界列强之林，蚕食中国的藩土——整个中亚细亚及西伯利亚，而反使中国仰之为文明上邦。这当然是刺激中国变法维新的一个有力因素。

（3）由于列强之集中环攻

自从普法战争以后，欧洲保持四十年的武装和平。虽然他们的帝国主义，一天高张一天；但是他们全部"贪欲的触须"，一齐伸展到远东的老大中国来，这是他们一致认为肥美而又丰饶的一块神秘的大地。

> ……欧洲人之言曰：支那者，世界之天府也。世界之天府，当与世界共之；非一种人之所得私也（此欧人瓜分主义）。亚洲人之言曰：支那者，亚洲之中坚也。亚洲之境壤，当亚洲自治之；非他种人之所得攘也（此日本独吞主义）。（《论日本东方政策》）

而日本有浮田和民者，著《日本帝国主义》一书，公然大声提倡日本独吞中国，他说：

> ……日本者，世界后起之秀，而东方先进之雄也。近者"帝国主义"之声，洋溢于国中；自政府大臣、政党论客、学校教师、报馆笔员，乃至新学小生、市井贩卖，莫不口其名而艳美之，讲其法而实行之。试问今日茫茫世界，何处有可容日本人行其"帝国主义"之余地，非行之于中国而谁

行之？……

这十九世纪的后半期，如七八猛兽，环伺一牛。戊戌政变，是这潜力尚大的牛救亡图存的一吼。

（4）船坚炮利政策之失败

远在鸦片战争结束时，魏源已经深深感到外力压迫之可畏，所以他作《海国图志序》文说："是书何以作？曰：为师夷之长技以制夷而作。"在洪、杨之战时，就有一件重要而也有趣的故事：

> 有合肥人刘姓，尝在胡文忠公（林翼）麾下为戈什哈。……尝言：楚军之围安庆也，文忠曾往视师，策马登龙山，瞻盼形势，喜曰："此处俯视安庆，如在釜底，贼虽强，不足忧也。"既复驰至江滨，忽见二洋船鼓轮西上，迅如奔马，疾如飘风。文忠变色不语，勒马回营，中途呕血，几至坠马。文忠前已得疾，自是益笃，不数月，薨于军中。盖粤贼之必灭，文忠已有成算。及见洋人之势方炽，则膏肓之症，着手为难，虽欲不忧而不可得矣。阎丹初（敬铭）尚书，向在文忠幕府，每与文忠论及洋人，文忠辄摇手闭目，神色不怡者久之，曰"此非吾辈所能知也"。……（薛福成：《庸盦笔记》

"荩臣忧国"条。按：后来阎敬铭供给创办海军费，最为热心，殆即根此）

稍后李鸿章借戈登大炮之力，平定江南。他致书于曾国藩说：

> 西洋炸炮，重者数万数千斤，轻者数百数十斤。战守攻具，天下无敌。……俄罗斯、日本，从前不知炮法，国日以弱。自其国之君臣卑礼下人，求得英、法秘巧，枪炮轮船，渐能制用，遂与英、法相为雄长。中土若于此加意，百年之后，长可自立。……

这西洋"船坚炮利"的实力，是为胡林翼、李鸿章等一班中兴元勋所亲自尝到滋味的了。于是急起作"皮毛"的模仿，譬如同治四年，曾国藩、李鸿章设江南机器制造局于上海。五年，左宗棠设马尾轮船制造局于福州。九年，曾、李又设北洋机器制造局于天津等，李鸿章的大脑中，自然充满着："中国文物制度，迥异外洋獉狉之俗！"（《李文忠公奏议》）所以只要：

> ……中国但有开花大炮、轮船两样，西人即可

《海国图志》书影

1865年江南制造局

敛手！（《与曾文正公书》）

白昼在那里做这样"黄粱大梦"，你们不要笑痛肚子。这一种皮毛维新适足更养成骄夸、懒惰、空虚的弊病。所以梁氏严格地批评李鸿章所行的新政，说他：

> ……知有兵事而不知有民政，知有外交而不知有内务，知有清廷而不知有国民，知有洋务而不知有国务。（《李鸿章传》）

在这样的政治恶习下办出来的"船"那里曾"坚"，"炮"那里曾"利"！"炮弹"里面所装的是什么东西，李鸿章自然是不会知道的。可是，在同时模仿新法的日本，有一个严酷无情的对照：驻英国公使郭嵩焘，报告说：

> ……日本在英国学习技艺者二百余人，各海口皆有之，而在伦敦者十九人。嵩焘所见有二十人皆能英语。有名长冈良芝助者，故诸侯也，自治一国，今降为世爵，亦在此学习法律。其户部尚书恩屡叶欧摩，至奉使讲求经制出入，谋尽仿行之。……而学兵法者绝少。盖兵者末也。各种创制，皆立国之本也。……（《郭筠仙集·上李中

堂书》)

不错，中国些微有一点远见的士大夫都看透了那些枝枝节节的"船炮政策"绝对无用；而想从"立国之本"的"各种创制"上，来一番彻底的改革与维新。这就是酝酿十余年的维新思想，造成"戊戌政变"的原动力所由来。

四〇　外激的近因

（B）关于"外激的近因"，又可分下列四项述之：

（1）由于日本维新成功的鼓励

此项不烦详述。

（2）由于甲午战败国耻的教训

以自称"……尧、舜、禹、汤、文、武、周公、孔子的子孙文明神胄的堂堂中华"大国，而战败于边僻海岛的"虾夷"，这脸在地球上真是丢得又丑又苦！全国上下"五分钟热度"的血液，确曾一度沸腾。尤其身居九五的少年皇帝——清德宗，真和明末的崇祯皇帝一样，手忙脚乱，乱找宰相找到日本去了。日本变法维新、转弱为强、打败中华、吞并朝鲜的元功首相是伊藤博文。戊戌的前一年，伊藤博文适个人来华游历，中国的可怜士大夫不管"三七二十一"，哗然主张"硬留伊藤博文做中国宰相"。竟有这样的笑话，而居然掀动皇帝！

《清季外交史料》云：

　　光绪二十四年秋，伊藤来华时，一般士大
夫……多主借才变法。宗人府主事陈懋鼎奏请召见
伊藤。

其奏曰：

　　……应请皇上于伊藤甫来之时，即明降谕
旨，……令其预备召见。……皇上于其进见时，宣
中、日和睦之谊，询彼国变革之序。于内政、外
交，两有裨益。……（卷一百三十四，页十九）

贵州举人傅燮，索性奏请留伊藤为相，以行新政。其
奏曰：

　　奏为维新事重，执政无人，请破除成见，留相
伊藤，以联日本，而行新政。……臣何以谓今日中
国借助变法，莫如伊藤为宜也？日本，同洲之国，
本与我同文。伊藤又日本中兴之名臣，而首赞维新
之治。一切制度宪法，皆其手订。……亡羊补牢，
犹未为晚。可否……恳祈留相伊藤，借助变法，以

行新政；并请预订年限，以操"用舍在我"之权，出自圣裁。国家幸甚！天下幸甚！（军机处档案）

当时那班"白面文人"的哀哀无告、皇皇求援的愁苦心理，以及环顾全国的茫茫无才、渺渺无望、束手待毙的窘态，真是由这一点上流露得深刻、活跃。上述二奏乃是"病急乱投医""白昼做大梦"的呓语；然而光绪皇帝居然召见：

　　当伊藤一行觐见光绪帝于勤政殿，伊藤奏曰："外臣博文，此次来到贵国，系为漫游。本日蒙陛下召见，殊为光荣。恭维陛下改良旧法，力图富强。此于保全东亚局面上实有重要之关系。……"光绪帝说："贵国维新以来之政治，为各国所称扬；贵爵对于祖国之功业，实无人不佩服。"伊藤答："过蒙奖谕，万不敢当。臣不过仰礼我天皇陛下之圣谟，聊尽臣子之职分耳。"光绪帝说："贵我两国，地势上同在一洲之内。最亲最近。目今我国改革，迫于必要。朕愿闻贵爵披沥其意见，请贵爵将改革顺序方法，详细告知总理衙门王大臣，予以指导。"伊藤答："敬奉谕旨。王大臣如有咨询，臣依实际所见，苟有利于贵国者，必诚心具陈。"（平塚笃：《续伊藤博文秘录禄》页一二六至一二九）

这一幕有历史性价值的喜剧，足以证明光绪帝对于变法维新的意志如何的急迫，而寻求人才之失望又如何的慎惶。好了，隔了半年之后，有了全国文人的领袖——六度上书、名震中外的康有为，又有梁启超、谭嗣同、杨深秀——等一班得力的干部。徐致靖推荐了，张荫桓推荐了，师傅翁同龢又说"其才胜臣十倍"了。这还不是中国的伊藤博文吗？梁、谭、杨等一班羽翼，这还不是中国的严仓、大久保、木户之流吗？何必"与虎谋皮"、借材于四年前的国仇呢？所以光绪帝得著康、梁、谭等，真是如获至宝！纵然康氏所上的书内有"求为长安布衣而不可得"及"不忍见煤山前事"等大逆不道之言，帝仍一笑置之。说"康某何不顾生死乃尔，竟敢以此言陈于朕前"，反而更加器重。所以戊戌政变，可称为甲午战败后的教训所促成必然的结果。

（3）由于瓜分惨祸的迫切

光绪二十三四年（即丁酉、戊戌），全世界瓜分中国的阴谋与计划，已达于最高潮了。俄国在东三省的军队，无论如何不撤。"德帝张其贪欲的饿眼"，向远东找殖民地不得而焦躁。恰好1897（丁酉）年，山东胶州杀了二个德国传教士，德帝就把它做成惊天动地的文章，因而奠定了欧、日各国瓜分中国的局面。"蒋总裁"著《中国之命运》，对于戊戌一年瓜分的实情与危机，有简要详明的叙述：

（甲）英国　在甲午之前，列强已有在中国领土上划分"势力范围"的先例。英国于割取香港之后，于道光二十六年（1846）中英退回舟山条约，即明定清廷"不以舟山等岛给予他国"的字句。光绪二十年（1894）中英滇缅界务及商务专约，亦明定清廷"不将孟连与江洪之全地或片土让与别国"。甲午之后，光绪二十四年中英威海卫租借条约划威海卫为英国租借地，九龙租界条约划九龙为英国租借地（按：租借期均九十九年。九龙问题至今未解决）。光绪二十五年，英俄相约：划长江流域为英国建筑铁路范围，这时候英商福公司又取得山西、河南两省的采矿权。

（乙）法国　法国占据越南之后，于光绪二十三年又取得清廷"海南岛不割让与他国"的保证。光绪二十四年又取得"广东、广西、云南三省不割让与他国"的保证。在这个时候，他先后取得延长龙州铁路，建筑滇越铁路及开采两广、云南矿山之权。光绪二十五年，他又与清廷订立《广州湾租借条约》，划广州湾为其租借地（期限是九十九年——其昌注）。

（丙）德国　德国于光绪二十四年，与清廷订

公车上书

立《胶澳条约》，划胶州湾为德国租借地（期限是九十九年。这是开全世界破天荒的先例！——其昌注）。并允德国建筑胶济铁路及开采铁路沿线三十里以内矿产。

（丁）帝俄　帝俄于光绪二十二年，与清廷订立华俄道胜银行合同与东三省铁路合同，划东三省为其势力范围。复于光绪二十四年租借旅顺、大连湾（这是抵制德国势力的扩张而急起直追的，所以也效颦期限为九十年！——其昌注），并以续约取得旅大一带铁路矿山工商各特权。光绪二十五年，英俄两国相约：划分长城以北，为帝俄建筑铁路范围。

（戊）日本　日寇于占领我澎湖、台湾以后，于光绪二十四年，取得清廷"不割让福建省及其沿海一带与他国"的保证。……（《中国之命运》第二章，页三一至三二页）

"蒋总裁"于是在总结时，严肃的告诫人们：

列强划分中国各地为他们的"势力范围"，亦就是作瓜分中国的准备！瓜分下的惨剧，虽未实现，而路矿、工商等权，已经被列强分割净尽了！（同上书，页三二）

106

瓜分的灾祸迫在眉睫，所以在戊戌（1898）的春天，康氏的活动中心保国会，连张之洞、袁世凯……诸人，都愿意做发起人或会长。二个月以后，在野的怪杰康有为，已一变而为帝皇心腹、最有权力的无冕宰相了。

（4）鉴于土耳其不变法而衰弱的覆辙

当时连蕞尔的藩属小国如暹罗也努力奋起，变法图强。独有近东的土耳其、远东的大清，二个老大病夫，在奄奄一息的状态下，忍受着做世界列强分割肢体的"解剖对象"！这算是悬在中国对面一方镜子。康有为所进呈的——《突厥（土耳其）衰亡史》《波兰灭亡记》等历史，听说光绪帝读之，有时至于泪下的。变法的决心，乃愈益坚定而迅速。

四一　内根的远因

（C）关于"内根的远因"，又可分下列四项述之：

（1）由于乾、嘉以来养成政治上传统恶习的溃决

满清中叶以后，政治、社会各方面不可收拾的腐状，已叙述于第一章，此不复及。至于政治上的恶习，也在于清初对于汉官吏压制逼迫得过甚所致，一件政治如果发生毛病，汉官吏只要参与丝毫意见，就得负连带责任，"革职""查抄家产""谪戍""斩决""妻子发功臣家为奴"！连珠似的"天威"

下来了。久之，养成汉官吏发明二项求生存的秘诀：一是不负责，二是蒙蔽掩饰。一位终身平稳的宰相八十岁做寿时，许多门生拜请"官运亨通"的秘诀，他说这是千金秘方："多磕头，少说话，遇事莫出主意。"果能守此三诀，定可保证由少年时的部郎，升到龙钟时的宰相而毫无波折。故"不负责"三字，乃清代"官场经"中的天经地义。谈到上下蒙蔽的恶习，我先借用龙启瑞的一封信来看看：

> ……抑某窃有进者……今之督抚，不肯担待处分（不负责），又乐以容忍欺饰为事（蒙蔽）。有一二能办之员。且多方驳饬之，使递知吾意不敢为。然督抚亦非真以为事之宜如此也，大抵容身固宠，视疆场若无与！苟及吾身幸无事，他日自有执其咎者。又上之则有宰相风示意旨，谓水旱、盗贼，不当以时入告，上烦圣虑！国家经费有常，不许以毫发细故，辄请动用。……为督抚者，……夙昔援引迁擢，不能不借助于宰相；如不谙而后行，则事必不成而有碍，是以受戒莫敢复言。盖以某所闻皆如是也。……（龙启瑞：《上梅伯言书》）

地方官吏，被中枢逼诱而养成"不负责"与"蒙蔽"的恶风如此！中央方面本身如何呢？道光时的首相曹振镛，曾奏说：

> 今天下承平，臣工好作危言，指陈阙失，以邀
> 时誉。若遽罪之，则蒙拒谏之名。惟有抉其细故之
> 舛谬者，交部严议；则臣下震于圣明，以为察及秋
> 毫，自莫敢或纵。……

这是教皇帝以蛇虺为心，暗箭杀人，以吃热血青年的阴
毒恶计。当然是管用的。继任的宰相穆彰阿，尤为不堪！以
致与穆氏同样地位的大学士王鼎，欲揭发穆氏的奸状，乃至
"先自杀"而后"尸谏"。惨到如此！然而他尸谏的遗疏，还
是给穆党威迫利诱的夺去，换一个不相干的假遗疏，真更惨
了！（见薛福成：《庸盦笔记》"蒲城王文恪公尸谏"条）这
类恶风，曾国藩名曰"掩饰弥缝，苟且偷安"。这种"蒙蔽"
的结果，不但国泰、王亶望、陈辉祖、郝硕、伍拉纳等贪款至
数千百万，皇帝不知；甚至如和珅的贪污赃款至黄金八万万
两，抵全国国库十年的总收入！在未抄以前，也还蒙在鼓里
呢！这"偷安"的景象，如广西巡抚郑祖琛，在洪、杨已起
时，还在那里饮酒赋诗。而两广总督叶名琛，在英军攻破广
州时，正在那里"敲木鱼念佛"。——粤人名之曰"六不"，谓：
"不战！不和！不守！不死！不降！不走！"由于官场而影响
及民间社会，于是清末中国社会做人的金科玉律是"天下本

无事，庸人自扰之"，"多一事不如少一事"，"大事化小事，小事化无事"，"吹皱一池春水，干卿底事"，"饮吃三碗，闲事不管"。而"好事之徒""生事之辈"，成为诅骂危险分子的代名词。于是数百年肮脏、蹋跶、龌龊、腐烂，一起积蓄壅滞、酝酿发酵起来，全中国成了一只腥秽冲天的臭水缸！浸在臭水缸里的，凡是血液清洁的青年，人人要决破这缸而出。所以世人要"无为"，康氏偏改名为"有为"。世人要"做大官"，而中山先生偏教人"不要做大官，要做大事"。世人教人"不要生事"，而中山先生偏教人"你去找事做"等例。这都是要把三百年来全中国壅积的腥臭，来一个通气、决口、洗涤、扫荡的工作。但工作的方法手段不同：康氏所领导的"百日维新""戊戌政变"，乃是一种通气、决口的部分洗涤工作，所以必然短期内失败。而中山先生所领导的"民族革命""复兴中华"工作，乃是根本倾覆这臭水缸，大家跳入新的空气阳光水流之中，所以会久远的成功。

（2）由于窥破满洲民族能力的减低

满洲民族初入关时，挟其兵农，合一方锐之气，平流寇，平"忠义的前三藩"——弘光（福王）、隆武（唐王）、永历（桂王）；平"叛逆的后三藩"——吴三桂、耿精忠、尚之信，摧枯拉朽，当之者靡，明人惊为神兵。及至康熙帝，平喀尔喀（外蒙全部），平准噶尔（新疆全部），平卫、藏全部，及乾隆帝"十全武功"以后，那末全亚洲都惊满洲八旗兵为神兵了。中叶后的清兵，凭其"神话式的威力"，倒仍可以镇摄全亚；但若要一按其实际，则纸老虎已经泥水淋漓，不堪一击了。不必到道光时鸦片战争，这纸老虎才土崩泥溃，即在嘉庆时"八旗兵"腐败无能的状况，已经达到惊人的程度。稻叶岩吉《清朝全史》记嘉庆初清兵剿川、楚教匪的情况云：

> 　　常备军之腐败，……不但"八旗兵"已也，"绿营"腐败，亦复相同。当交战时，雇兵、乡勇为先锋，汉人之绿旗营次之。其素称骁勇绝伦之满洲兵、吉林兵及索伦兵在最后。贼军亦然，亦驱难民以当锋镝，真贼在后观望。"乡勇"与"难民"交战，而"官兵"与"贼兵"不相值！倘乡勇伤亡，匿而不报。或稍得胜利，即取以为己功！然与贼会之时甚稀，多不当贼锋，如某某将军（按：即永保），惟尾追而不迎击，致有"迎送伯"之绰号。甚至地方村民，预备粮饷，请其出兵，拒而不纳！常求无贼之地驻军！……

　　这就是乾、嘉全盛时八旗精兵的"武功"！再看看他们的"军纪"：

......军中费用之侈，骇人听闻，据当时从军者
言：兵饷多为管粮员所侵蚀，实际待遇士兵甚薄。
聊举一例：时有建昌道石作瑞者，侵蚀五十万两。
但非其自贮，不过用以延诸将帅宴饮而已。尝于深
菁荒麓间，供一品五六两之珍羞。一席至三四十品
之多。有桌尚书初至阵中，彼赠以珍珠三斛，蜀锦
一万疋，他物称是。......（《清朝全史》上，第
四十九章）

　　在这乾、嘉之际的征剿川、楚教匪一事，已可显著地证
明满、汉人才能力的高低。不必等待洪、杨以后湘、淮军的兴
起。从乾隆末年剿教匪时，负责平匪的满洲大帅，如湖北都统
永怀镇守湖北，总督宜绵讨伐陕西，福宁英扫荡四川，不但
无一不败，且只有扩大匪祸！扰攘八九年，而最后平定教匪
的，最勇猛无敌而亦最勤劳立功的，乃反出于汉族中新挺起来
的杨芳、杨遇春二将军。此时已透露满、汉两民族"武德"消
长的征兆。至于鸦片战争时，八旗兵土崩瓦溃的丑状，甚至使
英军吃惊的。王钧曾记当时八旗兵的实况说．

　　......奉调之初，沿途劫夺。......抵粤以后．
喧呶纷扰，兵将不相见。遇避难百姓，指为汉奸，
攘取财物。教场中互相格斗，日有积尸！......尽夺

晚清八旗弓箭兵真实面，杀伤力其实只有零

十三行，背负肩担而去。呼群结党，散赴各乡，累日不归，不知所事！……百姓以兵不击贼，反阻民勇截杀，自是咸怀愤激，益轻视官兵矣！（王钧：《金壶浪墨》）

汉民族初时对于满族武力的畏惧，扫地无余，已由"轻视"而进于"鄙视"，尤以粤人为甚。所以秀才、举人等白面书生，也竟敢明目张胆起来要求改变"祖宗的成法"，以求国家的生存。这是戊戌政变能得国内多数智识分子同情与影响的缘故。

（3）由于洪、杨乱后实际政权的转移

因洪、杨之乱及其平定，而清代实际政治权力，暗中转移甚大。以种族说，大权分于汉族。以政制说，大权分于地方。正当洪、杨势盛之时，八旗兵的无用，固然是腾笑天下，而满洲官吏之无能，也颇可遗羞后世。此时正是肃顺当权时代，他倒有自知之明，知道那时满人的泄气、汉人的方兴，这场大难，非汉人绝对不能平定，力劝咸丰帝重用曾、胡、左等一班新人，赋予相当权力，使之立功。薛福成曾记：

……时粤贼势甚张，而讨贼将帅之有功者，皆在湖南。……惟肃顺知之已深，颇能倾心推服。平

太平天国战争画卷

时与座客谈论，常心折曾文正公之识量、胡文忠公之才略。苏、常既陷，何桂清以弃城获咎，文宗欲用胡公总督两江，肃顺曰："胡林翼在湖北措泣尽善，未可挪动。不如用曾国藩督两江，则上下游俱得人矣。"上曰："善。"遂如其议，卒有成功。左文襄公之在湖南巡抚幕也，已革。永州镇樊燮控之都察院；官文督湖广，复严劾之。廷旨："如左宗棠果有不法情事，可即就地正法！"肃顺告其幕僚，……转告郭嵩焘。郭公闻之大惊，求救于肃顺。……上果问肃顺曰："方今天下多事，左宗棠果长军旅，自当弃瑕录用。"肃顺奏曰："闻左宗棠在湖南巡抚骆秉章幕中，赞画军谋，迭著成效。骆秉章之功，皆其功也。人才难得，自当爱惜。请再密寄官文，录中外保荐各疏，令其察酌情形办理。从之。……"文襄勋望遂日隆焉。（《庸盦笔记》"肃顺推服楚贤"条）

到洪、杨平后，这汉、满两族政治能力的实际竞赛，结果揭晓，相差得实在太远了。自此以后，满人所死力独霸、丝毫不松的政权，不得不被汉人分去了一半。至于中央政权被分于地方的因果，李剑农说得很明：

116

……在洪、杨战役期中，许多人的巡抚、总督位置，全由军功取得。一面作督抚，一面带兵打仗，如江忠源、胡林翼、李鸿章、左宗棠、刘长佑等不计其数。……此后的督抚，不惟有领兵之权，并且兼有随意编练军队之权。……地方编练军队，虽须奏明，……皇帝因为急于平乱，只要地方有办法，没有不裁可的。裁可后即由各地方疆吏自由施行。需要补充或扩大额数时，又用同一办法，一面奏报，一面办理。湘军、淮军都是由此种程序成立及扩大的。……概括起来，清政府地方势力，在此期中的变化，不外两点：一，督抚取得军事上的实权，其势渐重。二、军队由"单元体"化为"多元体"，中央失去把握之权。……（《中国近百年政治史》第二章）

　　戊戌政变，换一个方向的看法，也可以说是汉族和平的政治革命，非在上述的形势下，是没有发动的可能的。上述的实际形势，也是戊戌政变一个最大的诱因。

　　（4）由于咸、同之际宫廷政变的结果

　　清廷之亡，亡于太后那拉氏一人，这是天下万世的公评。那拉氏（即西太后慈禧太后）本为咸丰帝的侍妾。稍通文字，小聪明而性险刻。咸丰帝已深恶之；帝病于热河，恐身后那拉后造祸，半夜与肃顺商议，先行赐死。时无第三人闻者，不意太监李莲英在窗外守夜，闻之。宫门已键，爬狗洞而出，密告于那拉氏。那拉氏即于半夜叩太后寝宫，哭诉求救命。明晨，咸丰帝朝其母，太后大怒，责其何以无故杀人。帝愕然，力辩其无。此事遂寝。故那拉氏终身恨肃顺入骨，而爱李莲英入髓。又据《春冰室野乘》所记，咸丰帝实为那拉氏所毒弑；帝临崩时，有人在窗外闻帝作怒恨声，连呼："翠儿！翠儿！你好忍心！"翠儿是那拉氏的小名，似乎咸丰帝已发觉中了翠儿的毒手而死的。这翠儿可偏偏生了一个儿子载淳——同治帝。正后无子，后来称"东太后"。那拉氏因为是同治帝生母的缘故，后来称"西太后"。咸丰帝崩后遗诏，以怡亲王载垣、郑亲王端华、户部尚书肃顺（端华胞弟）及军机大臣中：兵部尚书穆荫、吏部左侍郎匡源、礼部右侍郎杜翰、太仆寺少卿焦佑瀛、御前大臣额驸景寿等八人为"赞襄王大臣"。此时同治帝年仅六岁，这八人实为那时中国的最高权力者，而肃顺尤为其中的灵魂。议定改年号为"祺祥"，已经铸了"祺祥通宝"的钱了。可是不久这心狠手毒的那拉翠儿，运用她阴忍险刻的手段，突出不意，先发制人，把肃顺处斩，端华、载垣赐死。否认"赞襄王大臣"的遗诏，她便自称"太后"，违背清代祖宗三百年的家法，居然"垂帘训政"起来，"牝鸡司晨"，中国从此便堕入地狱的深渊！所以这次大政变，决不是宫廷间私人之争，而是关系全国百年的大计，汉族大臣凡是属于肃顺政治系统的，无不人人慄慄危惧，胡林翼闻此大变，就在同年忧愁而死了。曾国藩也屡次想自杀。要不是洪、杨未平，这班人都会斩草不留根的。立了儿皇帝载淳以后，东太后相当安分公正，西太后则放僻邪淫，无所不为！连她自己亲生儿子同治帝，也深恶他母亲的丑声四播而强烈地反感。西太后所信任、所狎暱的，只有太监；此外无贤、无尊、无亲、无贵、无大臣百官；至于"国家"与"百姓"，那即使分解她全身每一颗细胞都是找不出来的！天地之间，只有她与太监。自从东太后授意丁宝桢杀了太监安德海以后，这位老姨太太不耐烦了，她就再用前此"谋杀亲夫"的秘诀，毒弑了正宫东太后。这是恽毓鼎《崇陵传信录》记载得很明白的。从此以后，中国最高的政治权力，表面上是属于儿皇帝一人；事实上却在西太后一个人手里；骨子里却属于太监李莲英一人。所谓"议政亲王""军机大臣"，一齐要向这"皮哨李"（李莲英的绰号）垂手低头，连声道"是！是！是！"而退。以中国五千年悠久的文明，三千万方里博大的土地，四万五千万优秀的人民，而把这全副命运，放在一个目不识丁、鸦片入骨、不阴不阳、非人非物的怪东西——"皮哨李"手里，呜呼哀哉！所以全国，不论何种阶级，上至帝后（包括东太后、同治帝后、光绪帝后在内），下至平民，一致痛恨西太后与"皮哨李"，真是深恨入骨，但敢怒而不敢言耳，戊戌政变，就是国中勇敢不畏死的青年，企图与皇帝合作，起而推翻西太后与李莲英统治的政治革命！

四二　内根的近因

（D）关于"内根的近因"，又可分下列四项述之：

（1）由于"帝""后"本身的争权

从上述"远因第（4）项"政变的波浪下来，同治帝亲母子之间，恶感日深。西太后真是个"恶婆娘"，甚至干涉儿子媳妇的燕好，同治帝愤而外游，得不名誉的病而死。西太后愤亲生子不孝，不为他立嗣，使同治帝绝代。书呆愚忠吴可让先行自杀，然后以遗疏"尸谏"，请为"大行皇帝立嗣"（刚死的皇帝称大行皇帝），白白牺牲了生命，除了令人作呕的"传旨嘉奖"以外，一切完了！西太后于是重立一个更小的儿皇帝，是她亲妹妹所生的，只有四岁的载湉——光绪帝。常开分谤的御前会议时，有人主张援立溥伦，西太后厉声斥责："溥"字辈一概不要！这一吼，吓得亲王大臣面面相觑，谁还敢逆"河东狮"的淫威！一个个诺诺连声而退。这一来，把一位天真活泼的小朋友载湉，生生地抓入紫禁城的牢狱中去，判了长期徒刑三十四年，而后"就狱正法"！这就是光绪皇帝的生活史。西太后何以主张"'溥'字辈一概不要"呢？这里有三个秘密原因：（一）最大的一着是她"专制到死主义"。立了"溥"字辈，她的地位是"祖母"了，是"太皇太后"

了，那时老脸再"难为情"垂帘训政了。所以仍立"载"字辈，她以"养母"及"皇太后"资格，"专权专到死"！（二）其次的原因，依然是"专制到死主义"，如果立了"载"字辈的年长的人，他便不服从你指挥了。所以抓到只有四岁的小孩，那便是她和李莲英的玩物了。（三）最后是她对亲生子的泄忿主义。若立"溥"字辈，就是默认是同治帝之后了。偏立"载"字辈，使这不孝亲母的"忤逆子"绝嗣。光绪帝做了三十年囚徒，而有甲午中日战争的大败。这三十年中间的天灾、人祸、内忧、外患，百孔千疮，实难书记。这"青年皇帝"——不，"青年囚徒"！眼看着国家是快要亡了，而"亲爸爸"和"皮哨李"的荒淫，反日甚一日，要想有所改变补救而手无寸柄，鳏寡孤独，除了一位七八十高龄的老师傅——翁同龢以外，茫茫宇宙间竟举目无一个亲人！又忍无可忍，闷闷地再做四年囚徒，到了戊戌年，忽然上天降下了一个怪杰康有为，领导了一批少壮干部及数千人附和的青年羽翼，及全国翕然同情的舆论，肯自动帮他——这个"寡人"来变法维新，他真是欢喜得有"感谢上苍""天佑中国"的心绪，所以信任康有为的彻底及变法动作的迅速，真是古今所罕见的。"百日维新"所以突然如火焰一般的怒起，这是一个最大的近因。

（2）由于满族嫉妒汉族情感的表露化

据上述，光绪帝因急欲解除其囚徒的地位，而真正取得"皇帝"的权力，不得不完全重用汉族人才，以达成其目的。洪、杨乱平，捻党又清，新疆收复，回乱重定，大功多出于汉人，满族此时已深深感觉到汉族本质的优秀，能力的高强，而本族乃有根本生存的威胁，嫉妒、愤怒、恐惧，而无可如何！今见皇上又一味重用汉人，不平之气更甚。凶悍的满人如刚毅、荣禄，且明目张胆昌言排汉。这在汉人岂有不知之理？梁氏的著作内就叙述甚详（均见下）。但西太后和李莲英的荒淫政治，对中国固然是推入地狱，对满族，岂不是更打入泥犁吗？所以识大体的少数满洲人，也竟有同情于光绪帝及汉族青年的维新变法运动的。譬如杨深秀的密友文悌：

　　御史文悌者，满洲人也。以满人久居内城，知宫中事最悉。颇愤西后之专横，经胶、旅（之役）后，虑国危。文君门下有某人者（按：即大刀王五），抚北方豪士千数百人。适同侍祠，文君语君（杨深秀）宫中隐事，皆西后淫乐之事也。既而曰："君知长麟去官之故乎？长麟以（皇）上名虽亲政，实则受制于后．欲请上独揽大权。曰：西后于穆宗则为生母，于皇上则为先帝之遗妾耳。天子无以'妾母'为'母'者。其言可谓独得大义矣。"君（杨）然之。文又曰："我奉命查宗人府囚，见溥贝勒（按：即溥澍，同治帝有遗诏欲立之为后者），仅一裤蔽体，上身无衣，时方正月祁寒，吾怜之，

122

Emperor of China.

光绪皇帝画像

赏钱十千。西后之刻虐皇孙如此！盖为（皇）上示戒，故上见后辄颤！此与唐武氏何异？"因慷慨诵徐敬业讨武氏檄"燕啄王孙"四语。目眦欲裂。君（杨）美其忠诚。（文）乃告君（杨）曰："吾少尝慕游侠，能逾墙，抚有昆仑奴甚多；若有志士相助，可一举成大业。闻君门下多识豪杰，能觅其人以救国乎？"君（杨）壮其言而虑其难。……（《杨深秀传》）

可见当时主张"维新""改革"的志士，固然是以汉族为中坚，但也有少数的满人渗入。而"守旧""顽固"分子，固然多属于满族的朝贵，而汉族的败类，如许应骙、杨崇伊之流，也无耻地作伥。老实说，到了戊戌年间，维新派与顽固派，对于统治中国政权的争夺，已经走到"图穷匕现""短兵相接"的阶段了，因之像闪电一般的迸发了这"百日政变"刀光血影一幕历史上精彩的悲剧。

（3）由于中山先生领导革命运动的亢进

概括地说，亡清末叶的三十年间，中国人的思想范畴，约可分四个时期：从光绪初年至甲午之战，是以李鸿章为中心时期。从甲午之败至戊戌政变，是以康有为为中心时期。从戊戌政变失败至日俄战争，是以梁启超为中心时期。从甲辰帝俄战败至辛亥革命，是以中山先生为中心时期。但此只是就中上

124

社会及智识分子的表面部分而言，而实际上中山先生所领导的革命工作，已逐渐深入人心，弥漫全国；清廷亦不得不承认这才真是"致命"的隐忧大患！在初时，八股秀才们不免认"孙汶为红眉毛、绿眼睛的公道大王"（吴稚晖先生语）。但至戊戌庚子之间，中山先生"驱除鞑虏，恢复中华"的光明大义，已逐渐宣白于天下。中山先生自说：

> ……经此（庚子惠州之役）失败而后，回顾中国之人心，已觉与前有别矣。当初次之失败也，举国舆论，莫不目予辈为乱臣贼子，大逆不道，咒诅谩骂之声，不绝于耳。吾人足迹所到，凡认识者几视为毒蛇猛兽，而莫敢与吾人交游也。惟庚子失败以后，则鲜闻一般人之恶声相加。而有识之士，且多为吾人扼腕叹惜，恨其事之不成矣。前后相较，差若天渊。吾人睹此情形，中心快慰，不可言状；知国人之迷梦，已有渐醒之兆。（《建国方略》）

戊戌与庚子，只差二年，而中山先生之革命风潮，已澎湃如此。清德宗及其一部分大臣，自然感觉到变法维新，尚可苟且保全宗社；这是"害取其轻"的原则，所以急剧地厉行变法改制。

（4）由于国内舆论倾向维新之渐渐成熟

上章已述甲午以后，国内各地各种"学会"已风起云涌。这种"学会"，都是造成维新党与革命党的苗圃。同时西洋新学说，无可阻遏地如潮水浸入，国内的民智无可封锁地日益开启。决非老朽官僚张之洞的《劝学篇》、冬烘学究叶德辉的《翼教丛编》等著作所能挽阻。而同时旅华公正之外人，复为启发中国民智之事，尽侧面之努力。稻叶氏云：

> ……此时在上海之外人，乃对于民间风气之革新而乐为助力。其最著者则"广学会"也。广学会者，一八八八年（光绪十四年）在中国之英、美宣教士及学士等所组织。其中知名之士，以林乐知、丁韪良、慕维廉、艾约瑟、李佳白等为最著。其目的在启发中国之新智，辅翊中国之自强。其最初在翻译新书，发行杂志。如《泰西新史揽要》《文学兴国策》《治国要务》《自西徂东》《列国变通兴盛记》《万国公报》等，皆有唤醒中国之价值。……广学会知中东战后，中国渐有觉悟，乃派李提摩太于北京，周旋于名公钜卿之间，讲善后之策，当时推李提摩太为官书局教习，固辞，其言曰：官书局教习之地位，……所成就不过数十百人。……不如为广学会尽力，扩大其规模，以培养将来中华之人才，赞助智德之发达也。……（《清

朝全史》第八十二章)

　　所以到了戊戌年间。维新运动。已呈"瓜熟蒂落"的现象。除了冥顽无耻卖身求荣的少数败类以外，都可以说是渴望政治改革有如甘霖的了。

第十一节　戊戌政变史剧的绘影

上述"戊戌政变"的内、外、远、近的原委因素，以及政治的、外交的、社会的、文化的各种背景环境，都加以综合的、客观的详述，读者也早已了然"戊戌政变"的真实性质了。再回头来看经过的事实，自然更容易心领神会，彻底了解了。这一幕悲壮、简短而重要的史剧，其经过的史迹如下：

四三　痛哭流涕时代的最后请愿

光绪二十四年戊戌，因德人的强占胶州湾，引起俄人立即强占旅顺、大连湾，英人强占威海卫、长三角，法人强占广州湾，甚至意人也要强占三都澳，国人大惊，看见瓜分之刀已在颈上，奔走号呼，"保国会"之类便在各地涌起。幽居深宫的二十九岁皇帝清德宗，也忧愁得要死，问他唯一的亲信人老师傅翁同龢，到底还有什么办法没有？老师傅实在太老了，难当"起弱图强"的重肩，于是进荐六度上书、名满天下、羽翼丰盛的新进士康有为。同时徐致靖、张荫桓、李端棻、高燮曾等一班大官，又疏荐康氏。康氏又复痛哭流涕地最后一次的上书，有激切的透论，及详备的规画。梁氏扼要记着：

　　康先生之上皇帝书曰："守旧不可，必当变法。缓变不可，必当速变。小变不可，必当全变。"又曰："变事而不变法，变法而不变人，则与不变同耳。"故先生所条陈章奏，统筹全局者，其次端在：请誓太庙以戒群臣，开制度局以定规模，设十二局以治新政，立民政局以行地方自治。其他如：迁都，兴学，更税法，裁厘金，改律例，重俸禄，遣游学，设警察，练乡兵，选将帅，设参谋部，大营海军，经营西藏、新疆等事，皆主齐力并举，不能支支节节而为之。而我皇上亦深知此意。……（《政变原因答客难》）

又请泯满、汉种族之界限。梁氏又记：

　　……康南海之奏对，其政策之大宗旨曰："满汉不分，居民同志。"斯言也，满洲全部人所最不乐闻者也，而我皇上深嘉纳之。……（《论变法必自平满汉之界始》）

光绪帝全部接受了康氏的意见，随即于四月二十三日，下诏定国是。于四月二十八日召见康氏，即任命康有为在总理各国事务衙门行走。又召见梁氏，即赏举人梁启超六品衔，命办大学堂、译书局事务。在帝的本意，自然要以更重要的位置畀予康、梁，可是二品以上大员的黜陟，都要向颐和园请命；那麻烦了。故暂给以小官，而实赋予大权。从此以后，康、梁便得发舒其胸中的抱负了。所谓"戊戌新政""百日维新"，便自此开始了。

四四　新政要纲一览

但轰轰烈烈开幕以后，所演的戏可并不伟大。举其重要节目如下：

（一）命自下科始，乡会试及生童岁科各试，向用四书文者，改策论。

（二）定乡会试随场去取之法，并推行于生童岁科试。

（三）停止朝考。

（四）命删改各衙门则例。

（五）命于京师设立农工商总局。

（六）下裁汰冗官令，命裁撤：詹事府、通政司、光禄寺、鸿胪寺、太仆寺、大理寺衙门；湖北、广东、云南三巡抚；并东河总督缺。其各省不办运务之粮道，向无盐场之盐道，亦均裁撤。其余京、外应裁文武各缺，命大学士、六部、各省将军、督抚，分别详议以闻。

其余尚有不成片段的小新政，从略不举。即此戋戋的新政，在我们今日看来，不但距离国民的政治理想，有隔世之感；比较日本明治维新的规模，有天渊之别；即就康有为所上的条陈而言，也还有千里之差。然而在清德宗看来，却总算是大刀阔斧的了。就是上列几桩新政，从四月行到七月中旬，似乎行得顺手起来，召谭嗣同进京。旋发上谕，"内阁候补中书林旭，江苏候补知府谭嗣同，均赏加四品卿衔，在军机章京上行走"。这就是名震一时的"四京卿"。梁氏说：

……自四卿入军机，然后皇上与康先生之意，始能少通，锐意欲行大改革矣。（《谭嗣同传》）

于是在七月二十七日，光绪帝宣布堂皇的上谕：

国家振兴庶政，兼采西法。诚以为民主政，中西所同；而西人考究较勤，故可以补我所未及。西国政治之学，千端万绪，主于为民开其智慧，裕其身家；其精者乃能美人性质，延人寿命。凡生人应得之利益，务令其推广无遗。朕夙夜孜孜，改图百度，岂为崇尚新奇，乃眷怀赤子，皆上天之所畀，祖宗之所遗；非悉使之康乐和亲，朕躬未为尽职。今将变法之意，布告天下，使百姓咸喻朕心，共知其君之可恃。上下同心，以成新政，以强中国，朕不胜厚望！（《爱国论》所引）

四五　磨折的警报

此时也许就是光绪帝皇威发扬到顶点的时候了吧！在此略前，光绪帝想乘机黜退几个守旧大臣，立一点"主子的威风"，便借一件事把礼部的满、汉两尚书四侍郎——都是最顽固分子：怀塔布、许应骙、堃岫、溥颋、徐会澧、曾广汉，一齐革职。那知道怀塔布的妻，是侍奉那拉后得宠的老妈子，便向"老佛爷"哭诉起来，"老佛爷"于是勃然大怒，光绪帝便惶悚害怕起来．据梁氏述。

（七月）二十九日，皇上召见杨锐，遂赐衣带诏，有"朕位几不保""命康与四卿及同志速设法筹

救"之语。……（《谭嗣同传》）

据恽毓鼎所述：

> 谭、杨愤上之受制，颇有不平语。上手诏答
> 之，略谓："顽固守旧大臣，朕固无如何。然卿曹宜
> 调处其间，使国富兵强，大臣不掣肘，而朕又上不
> 失慈母之意。否则朕位且不保，何有于国！"于是蜚
> 语寖闻于西朝。（恽毓鼎：《崇陵传信录》）

四六　谭、袁半夜的壮剧

那时怀塔布及汉奸杨崇伊等早与荣禄阴谋废光绪帝。嗾
走狗李盛铎奏请帝奉太后至天津阅兵，荣禄因以武力实行废
立。帝明知天津便是他自己"正法的刑场"，可是不得不下
谕九月奉太后至天津阅兵！康有为这班人真急慌了，怎么办
呢？不得已想到求救于袁世凯。

> 君（谭嗣同）与康先生捧诏（衣带诏）恸哭，
> 而皇上手无寸柄，无所为计。时诸将之中，惟袁世
> 凯久使朝鲜，讲中外之故，力主变法。君密奏请皇
> 上结以恩遇，冀缓急或可救助，词极激切。八月初

一日，上召见袁世凯，特赏侍郎。初二日复召见。初三日夕，君径造袁所寓之法华寺，直诘袁曰："君谓皇上何如人也？"袁曰："旷代之圣主也！"君曰："天津阅兵之阴谋，君知之乎？"袁曰："然，固有所闻。"君乃直出密诏示之曰："今日可以救我圣主者，惟在足下。足下欲救则救之。"又以手自抚其颈曰："苟不欲救，请至颐和园首仆而杀仆，可以得富贵也！"袁正色厉声曰："君以袁某为何如人哉！圣主乃吾辈所共事之主，仆与足下，同受非常之遇；救护之责，非独足下，若有所教，仆固愿闻也！"君曰："荣禄密谋，全在天津阅兵之举。足下及董、聂三军，皆受荣所节制，将挟兵力以行大事！虽然，董、聂不足道也，天下健者，惟在足下。若变起，足下以一军敌彼二军，保护圣主，复大权，清君侧，肃宫廷，指挥若定，不世之业也。"袁曰："若皇上于阅兵时疾驰入仆营，传号令以诛奸贼。则仆必能从诸君子之后，竭死力以补救。"君曰："荣禄遇足下素厚，足下何以待之？"袁笑而不言。袁幕府某曰："荣贼并非推心待慰帅者，昔某公欲增慰帅兵，荣曰：'汉人未可假大兵权。'盖向来不过笼络耳。即如前年胡景桂参劾慰帅一事，胡乃荣之私人，荣遣其劾帅，而己查办昭雪之以示恩。既而胡即放宁夏知府，旋升宁夏道。此乃荣贼心计险极、巧极之处，慰帅岂不知之。"君乃曰："荣禄固操莽之才，绝世之雄，待之恐不易易！"袁怒目视曰："若皇上在仆营，则诛荣禄，如杀一狗耳！"因相与言救主之条理甚详。袁曰："今营中枪弹火药，皆在荣贼之手。而营哨各官，亦多属旧人；事急矣，既定策，则仆须急归营，更选将官，而设法备贮弹药，则可也。"乃丁宁而去，时八月初三夜漏三下矣。至初五日，袁复召见。至初六日，变遂发……。（《谭嗣同传》）

这一幕精彩而悲壮的话剧，应该在中国近代史上放一异光。可是，这里袁世凯所表演的，固然是神采活现的英雄本色，但却不能不启世人疑心。荣贼的阴谋，本应该在九月里才发作，何以八月初三夜这幕史剧演完以后，初六日事变就突然提前发作？所以有甚多的人，都说这反是袁世凯卖友首告所促成的。所以光绪帝至死恨袁世凯入骨；而袁世凯自己也曾有"臣，先帝之罪人也"的良心忏悔语，是不为无因的。

当谭嗣同热烈属望袁世凯救主之时，但林旭即不谓然。据梁氏所撰的《林旭传》说："既奉密谕，谭君等距踊号呼。时袁世凯方在京，谋激其义愤；而君不谓然。作一小时代简，致之谭等曰：'伏蒲泣血知何用，慷慨何曾报主恩。愿为公歌千里草，本初健者莫轻言。'""千里草"，是东汉末年一

135

林旭

首童谣："千里草，何青青。十日上，不得生。""千里草"合成一"董"字，"十日上"合成一"卓"字。本初是袁绍字。这里借用董卓、袁绍的故事来比喻董福祥与袁世凯。意思是说：这种办法，恐怕将来董福祥、袁世凯之流，挟天子以令诸侯，那真不可收拾了。

四七　皇帝成俘虏了

初六日，光绪帝就被拘禁到颐和园中的玉澜堂。太后垂帘主政。逮捕张荫桓、徐致靖及名振一时的六君子。

自四月以来，京师谣言，皆谓帝病重：然帝仍日日召见臣工，固未尝有病。及革礼部六堂官，擢四京卿；怀塔布及御史杨崇伊等先后至津，谒荣禄，遂相与定谋：檄调聂士成军五千驻天津。又命董福祥军移长辛店。三次急电至总理衙门，言英俄在海参崴开战，英舰七艘泊于天津，请饬袁世凯回津防御。世凯至津，荣禄即乘专车抵京。与怀塔布、许应骏、杨崇伊、张仲炘，至颐和园，上封事于太后，请训政。太后立命以荣禄之卫兵守禁城。令荣禄仍回津以候召命。会议至夜半而散。翌晨，新党谋围颐和园之谣起．太后垂帘之诏下。——

（自注）先是，太监于茶店中创一种风语，言帝设谋倾害太后，且引外人助己。士大夫多深信之，互相传播。（《清史纪事本末》）

至于光绪帝被擒的情形，恽毓鼎记得甚惨：

御史杨崇伊、庞鸿书，揣知太后意，潜谋之庆王奕劻，密疏告变，请太后再临朝。袖疏付奕劻转达颐和园。八月初四（六）日黎明，上诣宫门请安，太后已由间道入西直门，车驾仓皇而返。太后直抵上寝宫，盖括章疏携之法。召上怒诘曰："我抚汝二十余年，乃听小人之言谋我乎？"上战慄不发一语。良久嗫嚅曰："我无此意。"太后唾之曰："痴儿！今日无我，明日安有汝乎？"遂传懿旨，以上病不能理万机为词，临朝训政。（《崇陵传信录》）

就把光绪帝圈禁于颐和园中的玉澜堂。凡是游过颐和园的人，都可以在玉澜堂凭吊，这一宫院左右美丽的配殿，屋中打了二道乌黑而坚实的砖墙，丑怪得要死，至今尚未拆除，这便算是近代史上遗留的史迹。

四八 废立阴谋与"单片请安"

过后，西太后一定要废掉光绪帝，说帝病危，把药方开示给天下公阅。她何以要多此一举，把药方公布于天下呢？这意思并不是证明她的人格的不撒谎，乃是有实力上的顾虑，要看看天下督抚的眼色。上面已经说过，洪、杨以后，清代政权暗移，中央则分大权于地方。军权与地方财政权，则均握于各大督抚之手。既然是方面千里的大诸侯，倒不好随便开罪的。各省官吏人民，对于废立之事，那是人人义愤填膺，可是有什么和平方法去挽救呢？最后两江总督刘坤一，到底给他想出一个绝妙的和平挽救方法来了，即所谓"单片请安折"。原来自同治元年以后，所有全国大小臣工奏疏，总要加"恭请皇太后、皇上圣安"或"伏恳皇太后、皇上圣鉴"。绝对不许单提"皇上"一人的，三十五年中绝无例外。此次刘坤一以伏读药方为藉口，单片"恭请皇帝陛下圣安"！既不得罪西后，又表示两江的大吏与人民，都忠爱于光绪帝。据说这是浙江名士汤寿潜所设想的。后来颇有几件"单片请安折"上去，李莲英和那拉后看见风色不佳，决定把这"痴儿"暂时囚禁起来再说。

至于康、梁这一般"小人"，在西后自然要把他们立斩处决，才泄"奴家"胸中一股无名之火。可是"洋鬼子"可恶透顶，首逆康有为已经早一日受英使馆保护，并且特派兵舰由天津护送到香港去了。次逆梁启超、谭嗣同，又由日本使馆用绿呢大轿，接到他使馆中保护去了。李莲英和那拉后于是恨"洋鬼子"刺骨，东洋小鬼割朝鲜、台湾，她没有觉得什么可恨；只有保护"逆贼"梁、谭，这才是不共戴天之仇。二年后庚子之大杀"东西洋鬼子"，其导火线即伏于此。

四九　谭嗣同精忠壮烈的芳躅

其中谭嗣同精忠壮烈的行为，尤为可泣鬼神，可风百世。他本可以如梁氏一样，由日本严密保护，安逸地送往东京。可是他已经入了安全地带，又重新自动出来，愿抛头颅，以改造祖国百年的命运！这种"忠"而"侠"的行为，中国已经数百年见不到了。

> ……旋闻垂帘之谕。君（谭）从容语余（梁）曰："昔欲救皇上，既无可救；今欲救先生，亦无可救。吾已无事可办，惟待死期耳。"……入日本使馆，劝余同游。且携所著书及诗文辞稿本数册，家书一箧托焉。曰："不有行者，无以图将来。不有死者，无以酬圣主。今南海之生死未可卜，程婴、杵臼，

谭嗣同像。戊戌变法失败后,慈禧命人用钝刀杀谭嗣同,连砍28刀才结束吾与足下分任之。"遂相与一抱而别。初七、八、九三日，君复与侠士（相传即大刀王五，但未至）谋救皇上，事卒不成。初十日，遂被逮。被逮之前一日，日本志士数辈，苦劝君东游，君不听；再四强之，君曰："各国变法，无不从流血而成！中国未闻有因变法而流血者，此国之所以不昌也。有之，请自嗣同始！"卒不去，故及于难。……于八月十三日斩于市。春秋三十有三。就义之日，观者万人，君慷慨神气不少变！……（《谭嗣同传》）

这壮烈史迹，民国十六年夏，梁先生亲和其昌再讲一遍，从黄昏直讲到天亮。已经隔着三十五年了，梁先生还是老泪纵横，其昌也不觉热泪夺眶。谭嗣同氏在百忙中间，还代他的父亲谭继洵，先上一个"黜革忤逆子嗣同"的奏片，使他的老父免于罪戾；他真是忠孝两全。他在狱中，又题一诗于狱壁，曰：

望门投宿思张俭，忍死须臾待杜根。
我自横刀向天笑，去留肝胆两昆仑！

张俭是譬喻他所怀念的康南海。杜根，也许是暗指他所期待的某侠士。这首诗，立刻电传到日本，日本立即为它谱出

142

曲调来，令学生们歌唱。因为这件事的本身太可感动人了。

五〇　千秋肃敬的刘光第父子与林旭夫妇

其他同时五君子的义烈行为，也实在可泣可歌。譬如梁氏的《刘光第传》记他们父子殉国：

> 君（刘）既就义，其嗣子赴市曹伏尸痛哭一日夜以死。

三十五年后[①]梁先生亲为其昌追述当时的情形说："裴邨临刑，其嗣子不过十四岁或十六岁，仓卒确知，别无法救；赶赴刑场向监斩官刚毅叩头流血，请代父死，不允。既斩，抱其父头而哭，立时呕血，半夜而死。……"闻之酸鼻。又记林旭夫妇殉国事：

> 君（林）妻沈静仪，沈文肃公葆桢之孙女。
> 得报，痛哭不欲生。将亲人都收遗骸，为家人所劝

[①] 编者按：此处时间应有误，改为"三十年后"似更妥当。刘光第死于1898年，而梁启超死于1929年，因此梁氏不可能在1933年向吴其昌追述相关情形。

禁，乃仰药以殉！……（《林旭传》）

五一　康广仁、杨深秀、杨锐三君子的忠烈

又记康广仁狱中诰诫程、钱之气概：

>……君（康）从容被逮。与程、钱二人同在狱
>中。言笑自若，高歌声出金石。……程、钱曰："吾
>等必死矣！"君厉声曰："死亦何伤！汝年已二十余
>矣，我年已三十余矣！
>……特恐吾等未必死耳，死则中国之强在此
>矣。死又何伤哉！"（《康广仁传》）

其他如记杨深秀：

>忠诚之气，……论者以为虽前明方正学、杨椒
>山之烈，不是过也！（《杨深秀传》）

而记杨锐则云：

>……叔峤……（锐字）尚气节，明大义，立
>身不苟，见危授命！有古君子之风焉。……（《杨

锐传》）

　　这一幕历史上不朽的名剧，在北京的，以"黄匣""朱谕"始，以"银刀""碧血"终，就此草草告一结束。至于梁任公本人呢，由日本公使林权助受日政府令，严密保护，扬言"日本钦察大臣内眷回国"，卫士呼殿，婢媪围绕，不令人窥。用专车送至塘沽，更由大岛兵舰，由塘沽直驶东京。在东京过他另一套亡命的文豪生涯去了。

第十二节　政变失败原因的解析

至于戊戌政变所以失败的原因，大概可以说是先天的、命定的、必然的、无可幸免的归宿。其原因实在最显而易见的。随便举例来说，即有下列各项。

五二　由于清德宗的无权与无能

也难怪他，他自四岁起便在这紫禁城的牢狱中受李莲英和西太后淫威的胁制，畏惧恐怖的心理，已经深深打入下意识中，满清的亲王朝贵，没有一人把这可怜的皇上放在眼里。每一个太监，都是监视他的侦探。他早已和汉献帝、魏高贵乡公，处于同一的地位。以如是的地位，而想奋发图强，大有作为，根本已有"缘木求鱼"之感。谭嗣同辈初时还装在鼓里，梁氏说：

……初，君（谭）之始入京也，与言皇上无

权，西后阻挠之事，君不之信。及七月二十七日，皇上欲开懋勤殿，设顾问官，命君拟旨。先遣内侍捧"历朝圣训"授君，传上言：谓康熙、乾隆、咸丰三朝，有开懋勤殿故事，令查出引入上谕中，盖将以二十八日亲往颐和园请命西后云。君退朝，乃告同人曰：今而知皇上之真无权矣。至二十八日，京朝人咸知懋勤殿之事，以为今日谕旨将下而卒不下，于是益知西后与帝之不相容矣！（《谭嗣同传》）

此点康广仁最有先见之明，早已洞若观火，他在戊戌春间就说：

我国改革之期，今尚未至。且千年来，行愚民之政，压抑既久；人才乏绝；今全国之人才，尚不足以任全国之事，改革甚难有效。今科举既变，学堂既开，阿兄（康有为）宜归广东；卓如（梁早年之字）宜归湖南；专心教育之事，著书、译书、撰报，激励士民爱国之心，养成多数实用之才。三年之后，然后可大行改革也。

他的卓见，未被兴高采烈的"阿兄"及卓如采纳。到七

月他又恳切地说:

> ……自古无主权不一之国而能成大事者。今
> 皇上天亶睿圣,然无赏罚之权。全国大柄,皆在西
> 后之手,而满人之猜忌如此,守旧大臣之相嫉如此
> .何能有成!阿兄速当出京养晦矣。……(《康广
> 仁传》)

这可说明戊戌新党,自己也知道必然失败,是"知其不
可而为之"的。

五三　康有为本身的缺点

康有为对于"当领袖"的根本资格,其优点是:一、
魄力伟大,二、精神勇猛,三、感情丰富,四、毅力坚韧。
但他的缺点较多:一、胸襟不广,二、态度傲慢,三、个性
执拗,四、理智不强,五、作事无序,六、缺乏科学训练,
七、本身不求进,八、所学太乱,不适用于其时代(已详第
二章)。而反骄然不惭,自谓贯通天地人,不免可笑。他在
"百日维新"期间一生最精彩得意的生活,为他的头脑冷静理
智较强的阿弟,对此有生动的描写及切中的批评。说:

……伯兄（康有为）书则讲学，接见人士日以数十，户外屡满。夜则代草奏稿，鼓言路，及能上折者上言。及四月，伯兄召见后，上奏及见客益忙。夜叉改定《法兰西革命记》《突厥削弱记》《波兰分灭记》，因频奉上命索取，故弟须一切照料，昼夜商榷。伯兄草文，皆夜深高卧，诵之于口，而弟笔之于书。其有宜商者，即与弟辨议。即写成折，夕上而朝行！故弟亦忙极不能行。……（《戊戌六君子遗集》康幼博茂才遗文《致口易一书》）

当时康有为的生活，如此的忙繁、紊乱而仓促，纵然精力过人，其成绩也自然不会佳的。他老弟对于乃兄的批评，尤为公允而有味。他说：

伯兄规模太广，志气太锐，包揽太多，同志太孤，举行太大！当此排者、忌者、谤者盈衢塞巷，而上又无权，安能有成？弟私窃深忧之。故常谓但能竭力废八股，俾民智能开，则危崖转石，不患不能至地。今已如愿，八股已废，力劝伯兄宜速拂衣，多陈无益，且恐祸变生也。伯兄非不知之，惟常熟（翁同龢）告以上眷至笃，万不可行。伯兄遂以感激知遇，不忍言去。……弟旦夕力言，新旧水火，大权在后，决无成功，何必冒祸！伯兄亦非不深知，以为生死有命，非所能避。……（同上）

以上真是语语洞中肯綮之言，他又指出乃兄性格的缺点，说：

伯兄思高而性执，拘文牵义，不能破绝藩篱，至于今实无他法，不独伯兄身任其难不能行，即弟向自谓大刀阔斧，荡夷薮泽者，今亦明知其危，不忍舍去。乃知古人所谓"鞠躬尽瘁，死而后已"，固有无可如何者。……（同上）

即梁氏本人，对于戊戌政变失败的原因，及"主动"领袖不可避免之缺点，亦有公正、平允、精到的自白：

戊戌维新之可贵，在精神耳。若其形式，则殊多缺点。当时举国人士，能知欧、美政治大原者，既无几人。且掣肘百端，求此失彼。而其主动者，亦未能游西域、读西书，故其措置不能尽得其当，殆势使然，不足为讳也。若其精神，则纯以国民公利公益为主；务在养一国之才，更一国之政，采一

150

国之意，办一国之事。盖立国之大原，于是乎在，精神既立，则形式随之而进。虽有不备，不忧其后之不改良也。此戊戌维新之真相也。……（《南海康先生传》）

据梁氏的理论，则戊戌政变，本来是从失败中以求成功。即失败亦即成功。以失败促进成功。即谭氏之慷慨自愿洒热血以洗中国之腐政，亦热烈的怀望若此意耳。

五四　满族之嫉妒排斥汉人而破坏

自洪、杨平后，西后即以积极制裁中兴大臣为唯一政策，故彭玉麟宁可解除兵柄，至杭州西湖三潭印月的退省庵中做一渔夫，而绝不肯至京就任兵部尚书。梁任公尝叹息着说：

中兴诸勋臣，所以不能兴维新之治者，亦畏那拉氏之猜忌悍忍，而不敢行其志也。……曾国荃初复江南，旋即罢职闲居，曾国藩之胆于是寒矣，左宗棠班师入觐，解其兵权，召入枢垣，阴掣其肘也。故甫及一月，而已不安其位矣。目余百端，无不类是，亦何怪其灰心短气，而无能为役也。……

（《中国积弱溯源论》）

至于在捻、苗平定后，戊戌政变以前，这一段期间，正是事实上汉人立军功、握政权、地方督抚分取中央大权之时，此时，一些无知的满人嫉妒愤恨之气，郁而未发，但时时流露。譬如：

> 昔有某西人语某亲王曰："贵国（清）之兵太劣，不足与列强驰骋于疆场，盍整顿！"某亲王曰："吾国之兵，用以防家贼而已！"……（《中国积弱溯源论》）

凶悍的满人，更公然造作妖言，危词耸听，公然昌言以排汉：

> 不宁惟是。满汉界限之见，日深一日。逮于近年，遂有如刚毅辈造出"汉人强，满洲亡！汉人疲，满洲肥！"之十二字诀以乱天下！……（同上）

至于戊戌政变之前夕，则"防家贼"的声浪，愈唱而愈高。梁氏自述：

152

夫满、汉之界，至今日而极矣。……满人……无端忽焉画鸿沟以限之曰："某事者，汉人之私利也。某事者，汉人之阴谋也。"虽有外患，置之不顾，而惟以"防家贼"为言！夫国家既以"贼"视其"民"，则"民"之以"贼"自居，固其所也。……（《论变法必自平满汉之界始》）

彼满人既侮辱吾全体汉族为"家奴"、为"家贼"，当满廷之割土地于异国时，他们所承秉唯一的政策，为"宁与仇人，不与家奴"！此又清末全国人人所深知者。而其设兵的对象，乃专以虐杀我汉族——"家贼"为目的！这样看来，则康、梁等谋戊戌维新，不但命定的绝对失败，反觉何必多此一举，只有"以贼自居"，以武力革其命耳。

在"百日维新"期间，满洲人闹鬼的趣事，尤为笑话百出。梁氏说：

满人之仇视皇上也，谓皇上有私爱于汉人，有偏憎于满人！……

今满洲某大臣之言曰"变法者，汉人之利也，而满人之害也"，满人之阻挠变法，或于斯言也。……（《论变法必自平满汉之界始》）

在这样受满人排挤、压迫、攻击之下，"维新救国""变法
图强"，真是一个荒唐的幻想。

五五　守旧分子的死力阻挠

不惟一事无能、感觉生存威胁之满洲朝贵视变法维新有
如蛇蝎，即中国之"准汉奸"，全禄位、保妻子之大小官僚，
亦视变法维新为"打破饭碗"之祸根，故亦出死力以反对。况
中国自雍正、乾隆以后，压抑民气、愚蒙民智之政策，无所
不用其极；百年之后，甚至整个民族的"人生观"，亦为之改
变！梁氏所谓：

> ……乃今世之持论者，……曰安静也，曰持重
> 也，曰老成也，皆誉人之词也。曰喜事也，曰轻进
> 也，曰纷更也，皆贬人之词也。举之莫敢废，废之
> 莫敢举。一则曰依成法，再则曰查旧例，务使全国
> 之人，如木偶，如枯骨，入于赣然不动之域，然后
> 已！（《中国积弱溯源论》）

谭嗣同更痛切论之云：

> 处事不计是非，而首禁更张"躁妄喜事"之

154

名立,百端由是废弛矣。用人不问贤不肖,而多方遏抑。"少年意气"之论起,柄权则颓暮矣。陈言者,则命之曰:"希望恩泽。"程功者,则命之曰"露才扬己"。……统政府六部、九卿、督抚、司道之所朝夕孜孜不已者,不过力制四万万人之动,絷其手足,涂塞其耳目。尽驱以入乎一定不移之乡愿格式!……教安得不亡,种类安得可保也!(《仁学》)

在戊戌以前,既以是为牢不可破之"国是";及新法既见之实施,则彼辈更感觉得实际的切肤之痛了。此中症结,梁氏亦早已深知:

……今守旧党之阻挠变法也,非实有见于新法之害也。吾所挟以得科第者曰八股,今一变而务实学,则吾进身之阶将绝也。吾所恃以致高位者曰资格,今一变而任才能,则吾骄人之具将穷也。吾所藉以充私囊者曰舞弊,今一变而核名实,则吾子孙之谋将断也。然犹不止此,吾今日所以得内位卿贰、外拥封疆者,不知经若干年之资俸,经若干辈之奔竞而始能获也。今者循常习故,不办一事,从容富贵,穷奢极欲,已可生得大拜,死谥"文端",

家财溢百万之金，儿孙阶一品之荫。若一日变法，则凡任官者皆须办事，吾将奉命而事耶，则既无学问，又无才干，并无精力，何以能办！将不办耶，则安肯舍吾数十年资俸奔竞，千辛万苦所得之高官，决然引退，以避贤者之路哉！故反覆计较，莫如出死力以阻挠之。尽全国千万数之守旧党人，不谋而同心，异喙而同辞，他事不顾，而惟阻挠变法，……未有艾也。……（《论变法后安置守旧大臣之法》）

梁氏乃欲仿日本明治维新安置封建藩侯之法，以高位贵爵不视事而坐食厚禄以处置此辈，无奈清德宗之绝无寸柄啊！

我欲望鲁兮，龟山蔽之。
手无斧柯，奈龟山何！

附录

梁任公先生别录拾遗

吴其昌

其昌以海陬稚学，幸得侍我先师暮年讲席，以逮于易箦。往来清华园及天津马哥保罗路寓宅者颇久，尝夏夜侍坐庭中，先师缕述变法之役及护国之役身所经历者，往往至子丑交，一夕竟至东方之黎明。其大端，世人所已知，亦颇有世所未知，可为"野史亭"中真实之史料者，今濡笔追录，以应晓峰先生督令拾遗之命。惜乎，丁此贞元绝续之际，中兴开国之大业方艰，先师乃长赍"报国后时"之痛以殁，不获再振其南海之潮音，龙象之怒吼，以号复我国魂！此则为弟子者言微而声弱，文章报国，作战不力，既有负于国家，亦愧对我师训！固不独望"西洲"而兴哀，思桥公而腹痛也。

先师曰："余在护国之役略前，脑海中绝无反日之种子，不但不反日而已，但觉日人之可爱可钦。护国一役以后，始惊讶发现日人之可畏可怖而可恨。'憎日"恶日'与'戒备日'之念，由微末种子培长滋大而布满全脑。戊戌亡命日本时，亲

158

见一新邦之兴起，如呼吸凌晨之晓风，脑清身爽。亲见彼邦朝野卿士大夫以至百工，人人乐观活跃，勤奋励进之朝气，居然使千古无闻之小国，献身于新世纪文明之舞台。回视祖国满清政府之老大腐朽，疲癃残疾，脏肮蹒跚，相形之下，愈觉日人之可爱可敬。狄平子诗'恰恰小妹深闺坐，短短眉弯自画成！'即咏此境况也。当时日人甚爱我助我，尝谓彼亦诚心希望中国之复兴，与日本并立为强国，为黄帝后裔两柱石，余亦深信彼等之语不虚也。故愈觉日人之可亲。但有贺长雄既怂恿袁氏盗国称帝，始觉日人之可恶，然而尚未十分深恶也。《二十一条》之提出，始深恶日人之幸灾乐祸，损人利己，卖友打劫。然而知日本之'凶'，而尚未知日本之'毒'也。感觉日人之可恨可恶，而未知日人之可怖也。松坡既行，袁氏日夜派便警逻守吾门，余买街头胶皮车夫与之易服夜逃，甫离津，袁氏已觉，杀其便警。严命其沪上逻犬捕予，期在必得，'务获梁启超，就地正法'之'上谕'已布，上连像片，较清廷尤密。予惴惴不知死在何处，但暗中如有天神护卫，化险为夷，逢凶为吉。独自无修，痴思妄想，岂真国运未绝，有天神呵护耶？则又哑然自笑。自是由津而沪而港，此疑谜终不能破。至港，日人始明目张胆助予，始恍然暗中护卫我者，非天神也，乃日本人也。由港至越，日本动员其官、军、商、居留民、间谍、浪人全力以助余，虽孝子慈孙之事其父祖，不能过也。夫日人果何爱于余，何求于余，而奉我如此乎？在越南道中思之，不觉毛骨俱悚，不寒而战。遂转觉每个日人，皆阴森可怖！吾乃知拟日人以猛虎贪狼，犹未尽也，乃神秘之魔鬼也。我此后遂生一恍惚暗影，他日欲亡我国，灭我种者，恐不为白色鬼，或竟为矮人也。然吾乃永远持'中国不亡论'著称于世者，特我人戒备之对象，当在彼不在此。……"先师之语尚繁，谈澈通夕不寐者，即此事也。时为十六年新秋，济南惨案尚未发生也。先师夏间家居，必脱袜，赤足，拖鞋。而日人官吏新闻记者拜访频数。阍者报东客来，必噘蹙连呼"讨厌讨厌，又来保卫我了；可怕可怕"，每次必然，乃冠带见客。东客去，急跣足如故。

戊戌之役，夜话时，亦不倦缕述，大体与世所闻者不殊，袁世凯卖主求官，鬻党媚后，人人所习知。然写近百年史者，以为袁氏之与闻康事，乃出于谭嗣同夜半之劫持，则不深悉曲折也。据先师所亲述："袁氏变法维新之见解，实出于自动，拥德宗以武力行政之计划，实亦发动于袁氏，而决非壮飞所强迫。事后细思，乃知戊戌之际，袁氏即已潜伏取清廷而代帝之心矣。其用心深长细远，吾辈纯曰书生，尽为所欺，至十余年之久，真一世之奸雄也。袁氏初从吴忠壮公（长庆）于朝鲜，豪爽奔放，以一时人杰自命。时与马相伯（良）、眉叔（建忠）、张季直（謇）等新进名流，上下其议论，故欲强中国，革腐政之心，袁氏实不在人后，又眼见朝鲜为日人从其手中夺去，经此刺激，其爱国之心，实亦强烈而真挚，并不由于

梁启超流亡日本期间创办大同高等学校时与该校师生的合影，其中坐者右四为梁启超

壮飞一席之语所启发。惟自始至终，一'私'字横亘于胸，必须将中国移为其袁氏之私产以后，乃极力整顿使成为富强；此所以身败名裂，贻祸中国无穷也。南海先生（先师所称）未变政时，袁氏深恐中国即刻亡，乃协谋变政。及变政略有端绪，又恐中国之强由翁、康、梁、谭，而己则为褊裨，故卖主而告密。及变政既已失败，又恐大权在裕禄，而己则仍为褊裨，乃复推行新政于直鲁，培实力而博民心，俟良机以倒清廷。事后推寻其线索，其称帝之念，固已潜蓄于戊戌以前，一贯而未尝变也。"

先师于生平死友中，最钦重浏阳谭先生嗣同。述其赴义时忠烈之轶事，闻之眼湿。"大祸既迫，德宗央英使馆护南海先生出京。然未央日使馆也。时日人初行新政，一颦一笑，惟欧洲是效，以为欧洲之文明政治，有保护他国政治犯之举也，亦欲在中国有所树为，一以夸耀文明于欧人，一以树势力于中国政党。时日驻京公使为林权助，事先已奉有相机保护政治犯之密令，至是乃自献殷勤，戮力营救。先以绿呢大轿，接壮飞至馆。继以绿呢骡车近余。——时京中即在公使馆亦尚未具有新式马车也。——壮飞与余处日使馆二日，日夜计划营救皇上之策，及计算南海先生之行踪。壮飞忽如有所省，一人入房中，阖户甚久，出乃以一文件，命公使馆役往投某衙门。笑谓余曰：'还须告他一状！'余茫然不知所谓。壮飞终不肯言。事后都下忽甚传谭某告发其子嗣同忤逆不孝，断绝父子情谊，因得获免连累。度当日之所为，即此事也。血热而心细，身殉祖国，而老父获全，未有如壮飞之壮烈也。日使林权助，饰其夫人之车，强余与壮飞离京，壮飞坚辞谢曰：'闻之西史，革命则无不流血者。中国革命之流血，请自嗣同始！'居使馆三日，脱奔清廷自首，曰：'嗣同请以颈血洗涤中国之腐政！'遂斩于菜市。六君子成仁之日，予尚居东交民巷日使馆，悲惊晕绝，又数日，林使强纳余于其所预饰之夫人车中，外坐婢媪，卫士呵殿，扬言日本钦差大臣家眷回国，遂出京至津，直坐其兵轮赴日。"

先师遂连类而涉及富顺刘先生光第，曰"裴邨，亦一至可歌泣之人也。裴邨讲朱子学，学黄山谷诗，皆深造。其持身精严清苦，为京官十余年，寄居西直门外一小庙中，至死未尝赁屋于城内。余与裴邨非故交，疏往还，不知其身世之详。因新政始略与接触。然每见之，肃然敬其为人。裴邨一子亦至孝，临斩，哭奔菜市，向监刑官稽首号恸，乞以身代父死，叩头流血。不许。抱父首大哭，呕血，不久亦以毁卒。孤臣孽子，哀动鬼神！"先师曰："此事至今思之，犹酸我鼻。中国有如此志士仁人而不兴，非天埋也。"

先师述："袁项城拒谏饰非，作伪术之巧妙，登峰造极，古今无可伦比。时帝制论已尘嚣全国，冯华甫（国璋）自南京来津，邀余同往作最后之谏诤。华甫曰：'我之辩说远不如子，子之实力亦不如我。必我与子同往，子反覆予以开道，而我隐示以力为子后盾，庶几千钧一发危机可挽。'余诺之。乃尽一日夜之力，密草谏说纲要，至数十条，竭尽脑汁，凡可成为理由者，无不备举，欲为垂绝之国运，亿万之生灵，打最后之一针。及二人联翩至新华宫，项城闻吾等至，喜动颜色，酒酣，余正欲起立陈述，项城先笑曰：'二公此来，吾知之甚稔，乃欲谏我不做皇帝也。我反问二公，袁某欲作皇帝者，究思作一代皇帝而绝种乎？抑思作万代皇帝而无穷乎？'余与冯愕然未答，袁又笑曰：'除非痴人，自然欲作万代天子！'乃喟然叹曰：'我有豚犬二十余人，我将尽数呼出，立于二公之前。任公！君最善知人，我即托任公代我选择一子，可以继立为皇帝者，可以不败我帝业，不致连累掘我祖坟者，任公，待君选出以后，我再决定称帝。如是或可称帝二代！'余与冯四目相视，嗒然如伤，怀中万言书，竟一字不出。袁诸子环立侍宴，幼小者乳媪褓裸侍，袁忽变作悲痛之容曰：'我如许豚犬，无一克肖，无一非庸懦纨绔，然父之于子，孰不疼爱，我虽怒此辈不肖，然仍不愿因我造孽，他日为别人作鱼肉烹杀也。我百年后，敬托二公善护之。'余与冯迄辞出，竟不能一提'帝制'字。"

因之而述及蔡将军锷，先师曰："松坡，长沙时务学堂中齿最稚之学生也。时务学堂封，学生络绎东渡，静生（范源濂）与松坡家最贫，时我辈亡命客亦穷甚，无大力周济，所以援之者至菲薄，松坡与静生常衣囊中只剩日币三数有孔铜圆，忍受数周至数月。静生立志教育报国，余甚嘉之。松坡最瘦小，体极弱，必欲学陆军，余百方规劝不肯听，不得已任之。庚子汉口革命之役，佛尘（唐才常）已回鄂发动，余亦秘密返沪。时务学堂高材生林圭、李海寰……诸君，已随佛尘在汉实际工作，久之不得佳耗，松坡随余在沪，焦惶不安，请于余，亲至汉探助，至汉，佛尘命返湘，乞助于黄泽生将军。黄，老成练达材也。得松坡，即留之不放行；且大诟：'梁任公、唐佛尘无故牺牲有用青年。'松坡愤极，与之高声抗辩，黄充耳不闻，强留之。余又不得松坡行迹，愈惶急，决亲身赴汉。船票已办就。因亡命不敢逗街埠，准时而往，则此船以货少，早半小时启锭矣。余大怒，顿足而骂。无何，汉口事发，张之洞淫戮我民族之志士，唐佛尘率其弟子林圭、李海寰等五人继戊戌六君子之碧血，掷头颅以贡献其祖国，即世所称庚子六君子者也。松坡以黄将军之留，余以船期之误，皆幸得免死。"先师又言曰："唐浏阳与谭浏阳，血性之热烈同，性格之卞急同，学问之幽隐僻奥同。《觉颠冥斋内言》与《仁学》，固有甚相似之点也。"

其昌于同门诸先进，尤钦服范静生先生，真可谓"温温恭人""温其如玉"者，每与范先生晤对，不觉鄙吝都消，有秋月冰壶，映澈照人之概。举以告先生，先生笑曰："汝以范静生比黄叔度，良是，汝亦知静生少时之况乎？虽谓之'小乞丐'，不过也。襁褓丧父，与其弟旭东（范锐）由太夫人抚养，家赤贫如洗，弟兄拾野柴以为生。以聪慧故，得入时务学堂，乃反以膏火哺母弟。当时已感动吾辈。静生后以矢志以教育救国。旭东矢志以实业救国。兄弟艰苦奋斗，数十年如一日，至今俱卓然有成。非偶然也。"

（原载于1942年8月《思想与时代》13期）

梁任公先生晚年言行记

吴其昌

中华民国三十一年十月三日，国民政府颁布褒扬先师梁任公先生明令。读竟，泫然流涕。不见我先师音容，十五年矣。中原板荡，神州疮痍，我先师地下有知，必将纵横走其老泪！幸而元戎神武，朝野同奋，中兴大业，发轫方半，晨旭初升，炎灵在望，不待家祭之告，九原有知，又必且血涌神正，奋兴无已，抱望无穷，长歌浩咏以鼓舞此伟绩也。昔吾亡友张素痴（荫麟）先生，以中枢未褒扬梁先生为遗憾，此在先师无遗憾也。其昌侍先师之日久，亲见先师每饭未尝忘国，其爱群忠国之怀，出于天性，非有所责报也。今中枢不忘前修，诵德报功，并且出于委员长蒋公万机之余所亲提，海内忠贤之士，必更将闻风而兴起。昔光武尊节义，敦名实，而东汉一代民族道德水准之高，为各朝冠，其效亦可以睹矣。曩吾友张晓峰先生（其昀），曾令其昌撰《梁任公别录拾遗》，当时促促，未竟所记。先生晚年之嘉言懿行，颇为外间所未尽

167

知，其昌见闻真切，惧其日久而遂湮，长夜寥寂，濡笔而存之，倘足以警顽而立懦乎？

晓峰先生曾述及国父与先师合作，南海乃不肯与国父合作事，其昌亦曾从容举此事以询："世俗所传云云，究可信乎？"先师亲答曰："不然。中山（先师如此称）与我甚厚，在横滨，有一短时间，每宵共榻，此世人颇有知之者。外传南海轻视中山不恤与之合作，皆奸人挑拨之词也。最初，南海不甚了解中山确系事实，后经日人平山周、宫崎寅藏、头山满……辈之奔走疏通，尤其犬养木堂（毅）之解释为最有力。犬养翁汉学甚深，道德甚高，为南海与中山二人所共钦。经彼之解释介绍，二人俱已涣然互信。其后不断有奸人，两面挑拨，破坏合作。吾颇疑此种宵小，来自清廷，特南海环游世界，而我蛰居日本，无由委曲详尽进言耳。康、孙最后破裂，闻在马尼剌。孙屈己谒康，康亦欣然出迎，闻下至楼梯之半，有人阻康云：孙携有凶器，此来实行刺也。康惊骇上楼，孙大怒而出。此事我非目睹，亦得之传闻，大体或不谬也。犬养木堂闻此讯长叹，况在吾辈！然康实无轻视孙之意也。"

先师虽不及交蒋委员长，然对蒋委员长实中心钦慕爱护，此非其昌妄说，有一事可资确实证明也。十六年新秋，先师病体初健，甚喜。先师住宅右邻，为中原煤矿公司，其屋乃先生之婿周国贤氏所有。先生兴发，散步至公司庭中，其昌与

大江東去浪淘盡千古風流人物故壘
西邊人道是三國周郎赤壁亂石穿空

驚濤拍岸捲起千堆雪江山如畫一時
多少豪傑遙想公瑾當年小喬初嫁了雄

姿英發羽扇綸巾談笑間檣櫓灰飛煙滅
故國神游多情應笑我早生華髮人

生如夢一尊還酹江月 錄東坡念奴嬌詞
遠生元弟雅屬正書 癸卯閏三月 梁啟超時年五十

梁启超行书手迹

廷灿兄（先生之侄）从。三人在花架下共坐一长藤椅，忽王抟沙先生匆遽入门（以下特用白话记），见先生，脱帽，搔其光秃之头，大呼曰："好戏！"先生笑曰："什么好戏？""蒋介石下野了！""真的吗？"梁大惊，掷其半枝雪茄突然起立以足怒踏之。"这还能假！"王随答随摸烟盒，以一雪茄授梁，以一自抽。梁颓然坐，王亦对坐。"这还得了！这不得了！真不得了！"梁皱眉蹙额，连连咨嗟。"敢问先生，有何不得了处？"王故作滑稽，以戏中人声调相问。先生不答。少顷，叹一长气："唉！中国真要乱到几时呢？我这一生，还能眼见中国太平吗？还能眼见中国再兴吗？我望了几十年想中国再兴，现在看来，中国再兴的时候，我决然已死了！"王此时面貌亦肃然："先生病刚好，怎么这样悲观。早知如此，不告诉你。"梁仍不答，一人自叹自说："共产党笑我不彻底。我自己知道，诚然不彻底。我只望国家早日的'再兴'。国家的元气，再不能断丧了，人民的苦痛，再不能不解除了！内战决须要停止；统一须要实现。先头，我甚至于痴痴的希望吴子玉，好，给你们赶跑了。现在你们又要闹翻姓蒋的！你们与中国究竟有什么样的深怨死仇，一定不让它统一再兴！"王窘极，以滑稽语调作答："先生息怒，我姓王的不要闹翻别人。"梁不自然地微笑："对不起，自然不是说你们，——你和子馨、廷灿。我有点愤激，好像在骂你们。——其实，蒋某人我没见过一面，不过凡是少年英雄（当时华北盛传蒋总司令为'少年英雄'，故

170

梁启超54岁留影

先师云云。）我总觉得是可爱的。我爱少年。我为继起有人而喜。抟沙！正经请你讲讲这经过的详细。到底那里得来的消息？不要又上了东洋人造谣的当。"王于是略述蒋总司令那时下野赴日本的经过。先生闻蒋赴日本，突又起立厉声说："老天！危险透顶！松坡不到日本决不送命！松坡有统一中国的资格。天知道，东洋医生给他打了什么药的针，就一命呜呼！蒋到日本干吗？糊涂！没有人提醒他一声。糟透！糟透！"先生面如土色。其昌乃起立曰："先生的见解实在是对的。但我永远有一种迷信，天祐中国，一定会有贤者起而统一。蒋总司令应该就是。先生可休息了，我和灿哥出去打听确实消息报告。"因与灿兄扶先生归卧，先生回时足疲须扶，当夜便血复发。医生大惊，明明已痊愈，何以复发如此速而且猛！又卧床不起者近二月。据此事，先师心中爱护蒋公之真诚，于不知不觉间毕露矣。

国民革命军近京畿，其昌适返杭，为五妹缔婚，故济南惨案时，先师悲痛之状，不获亲见之。传闻先生有再度出国避难之说，即北上谒见，告以"先生如出国，其昌将再赴广西"。先生曰："余对祖国，可告无罪。国人如谅余，余决不离祖国怀抱。如一时真不见谅，余无力赴美，将暂赴朝鲜隐居：汝能从我乎？"其昌答："友人邀回广西任省视学。然朝鲜仍为我中华之国土也。崔致远之文章，李退溪之理学，亦何异乎中华，慕之久矣。且先生有命，自当随侍。"先生曰："然。

余至朝鲜，拟作朝鲜理学史，或朝鲜学案，汝可助我。"无何，先师病笃，七百年来朝鲜理学之渊源，遂任其若存若亡，国人虽通学，亦无有肯注意之者矣。惜哉！使先师而老寿，其功绩决不在黄太冲（宗羲）之下也。

先师急公忘私之德行甚高，非弟子阿谀，有一事实，述之足为末俗所师效。十五年夏，教部聘先生任京师图书馆馆长，而经费涓滴全无。初时挪用昔年馆中储积寒微之小款，先生捐馆长薪不取以维持。至冬，此余沥亦干，馆中无煤升火，无纸糊窗，余入之，冷风飕飕，乃如殡舍。（时尚在方家胡同）先生亦不裕，乃慨然将其本人五万元之人寿保险单，向银行押借、发薪、生火、糊纸，馆中人皆腾欢，暖如挟纩。此事徐森玉（鸿宝）先生亦常常对人称颂先生以私济公之美德。以私人生命之代价，济国家公共之文化，余至今三十八岁，尚仅见先生一人而已。故特表而出之。污官墨吏闻此事，良心亦有所感动否乎？

先生建设国家文化事业之热心，乃出于天性。可为吾辈之模范。北平图书馆充实完备，庄严斋皇，得呈今日之伟观者，大半出于先生之苦心擘划，经营创始，并由于任用袁守和（同礼）先生之得人。此世人所周知也。将其平生积聚之图书金石十余万件悉数交呈国家，今陈列于北平图书馆，此亦世人所周知也。有一事，关系民族文化甚巨，先师苦心努力作成之，私心者因私破坏之，而最后卒告失败，遗恨无穷。

然世从未有知者，余特以董狐直笔揭破之。聊城杨氏海源阁之宋刊书，此国家之文化重宝也。使在日本，即价值较此低十倍者，亦早经政府指定为"国宝"矣。乃北洋军阀，昏聩不知，二次兵匪滋扰使杨氏较次之善本，若元刊明钞损失不少。其宋刊精华，由一年老之夫人，死力维护，得以救出，携之天津，邀索高价。厂肆书估有藻玉堂王某者，密得风声，渴思成此买卖以收大额佣金。此估素走先师门墙，乃报告先师。先师大喜，欲为国家永保此国宝。一面奖励王估，使其效力，一面邀集京津名流，共襄盛举。杨氏老夫人索价二十余万元，往返折冲，舌敝唇焦，又勉以"爱国"大义，最后始讲定七万元成交，包括宋刊四经四史，及宋刊《庄子》《王右丞集》等——约数十种，全部在内。此价实不称贵。但北平图书馆部门弘大，每一部门购书之费遂不能不严受时间限制。"善本书"一部门，不能立时提出七万元之巨款，时叶誉虎（恭绰）先生亦极热心公众文化，乃与先师共同宴客于梁宅，当时商定分为十股，各人认借，由北平图书馆按期摊还。北平图书馆先认二股，先生认一股，誉虎先生认一股，傅沅叔（增湘）先生认一股，周叔弢（暹）先生认一股。时北府首相潘复，欲求欢士林，自告奋勇，愿认三股或四股，托叶公转告，事垂成矣。越二日，会中某巨公爱古成癖，不能忘情于宋刊《王右丞集》，唤王估来，密告以欲将王集除外另售，王估难之。某公遂倡言"梁任公、叶誉虎皆好好先生，不懂市

174

价，易受人欺，如此批书价，何至值七万金之巨耶。即四万金可了，已微贵矣！"杨氏老夫人闻之，愤极，遂解约。王估乃哀诉巨公："为此事，往来京津舟车旅店费，已赔三百金矣。商小民，非诸大人比，无钱补贴！"某公斥其痴，曰："若持《王右丞集》来，此区区三百金，吝不赏汝耶！"后闻《王右丞集》，竟归于某公，恐今又归日人矣。杨老夫人空抱遗书，善价难沽。越数年，闻以十八万金售于张汉卿（学良）将军，而九一八烽火踵至，又不果成。使此国族重宝，不得归于国家永保者，某巨公"私"之一念之所赐也。

先师好奖扬人善，而自处谦卑，于弟子辈如此，于同时友辈亦如此。教授清华研究院时，先生之齿，实长于观堂先师（王国维），褒然为全院祭酒，然事无巨细，悉自处于观堂先师之下。此外对于陈寅恪师、赵元任师、李济之师、梁漱溟师，亦皆自持挹约请教之态度。寅恪师称先生为"世丈"，而先师推重陈师，不在观堂先师下也。观堂先师从屈原游，先生为之请于当局者至再，终至见格。先师益咤嚓无聊，命其昌辈推举良师。其昌代达诸同学意，推章太炎（炳麟）先生、罗叔言（振玉）先生。先师欢然曰："二公，皆吾之好友也。"先生尤倦念章先生，尝一人负手，盘走室中，忽顾予曰："子馨，汝提起太炎，好极！使我回忆二十年前在日本时，吾二人友谊，固极厚也。太炎而今亦老矣，如肯来，当大乐！因汝一提，使我此二三日来，恒念太炎。"其昌因奉校命，北走大连，谒罗先生于鲁诗堂。南走沪，谒章先生于同孚里第。章、罗二先生固昔尝请业问学，特未展弟子之贽耳。初时罗、章二先生均有允意，章先生捻其稀疏之须而笑："任公尚念我乎！"且有亲笔函至浙。报"可"。然后皆不果，罗先生致余书，自比于"爰居入海"，章先生致余书，有"衰年怀土"之语（二书忆尚保有于北平）。其后校中聘马叔平（衡）先生、林宰平（志钧）先生，则先师已殁矣。先是余每至沪，必谒章先生，至津，先生必问："在沪见菊生（张元济）、太炎乎？太炎与汝谈何学？"其昌答："菊生先生之德性、太炎先生之学问，皆使其昌终身不能忘。章先生偶与其昌谈及《易·说卦》'其于人也为宣发'，其昌言：'宣发即寡发，王伯申《经义述闻》曾言之。'章先生谓：'此说是。证据在《北齐书》。'即背诵《北齐书》某人传如流。前辈读书之博而且精如此，虽欲不衷心钦服不能也。某次，与章先生谈及明清思想源流，章先生曰：'戴东原思想，出于明之罗整庵。'其昌大惊，此非将《整庵存稿》《困知记》《原善》《孟子字义疏证》等书，酿熟胸中，而透视其背，决不能出此语也。故其昌对静安、太炎二先生之学问，乃衷心佩服，非震其名也。"先师为之首肯者久之。

先师养疴津门，故旧往来最密者，丁在君先生（文江）、范静生先生（源濂）、胡石青先生（汝麟）、江翊云先生（庸）、余樾园先生（绍宋）、熊秉三先生（希龄）、

176

张伯苓先生（彭年）、林宰平先生（志钧），次则张君劢先生（嘉森）、蒋百里先生（方震）、胡适之先生（适）、徐君勉先生（勤）。此四先生常在海外，返国始见。若叶誉虎先生（恭绰）、周季梅先生（贻春）、蓝志先先生（公武）等，则有事始至，不常来。（人甚多，已不记忆。）曾慕韩先生（琦）亦曾来问疾。其昌于上述诸名公，除胡适之先生，先已请谒外，其余皆因侍先师，始得捧手请益者也。百里先生，我同里，且吾先姑丈之远族弟兄行也。然未尝见一面，直至在先生家始识。志摩表兄本与先师最密，彼时在印度，故仅一至。弟子侍者，其昌及兴国姚显微（名达）、永嘉刘子植（节）。此诸名公，或在或逝，其风采言论，有足为世表率，传嘉话，培良风，因述先师而连类记之。今之文艺作者，扬恶而隐善，务讦人之丑而掩人之美，以毒骂痛诋挖苦揶揄为能事，建文艺之基础于粪秽上以自豪。病态乎，健康态乎，非余所知也。余则略记本人当时之印象：丁在君先生威仪修饰，卷须膏发，衣摺整挺，俨然英格兰之卿大夫也。崇科学，尊理智，讲条理。重分析，是其长也。在君先生语余，其少时亦曾读宋明理学书，此为世人所绝不知也。且亲语余："对于'无鬼论'之概念，不信'灵魂不灭'之说，最初皆得自宋儒，后学科学，而此种信念乃得证实。"先师述："在君为淞沪商埠督办时，荐函数百封，不任用，亦不拒绝。但将函中所述各人技能专长，分类分组保存，遇某事需人，依其技能，按类分组索阅，再行征求。其无处不玩'科学把戏'，至于如此。"一夕，在君先生戏问予曰："请问专家：郭沫若将《大学》'苟日新，又日新，日日新'，改为'兄日辛，父日辛，且日辛'。此论，予以为然否？"余曰："此至确不易之说也。郭此文投《燕京学报》，燕京托予审查，予赞叹绝伦，极力推荐。刊时即由予代校。"丁先生笑曰："我于金文甲骨，全为外行，然此说亦知其然也。"张君劢先生，诚恳忠厚，热情磅礴，终身以斐希忒自命，鼓吹复兴不倦；又为德哲人奥伊铿弟子，而对于宋明先贤学说，热烈服膺提倡者。范静生先生德性淡泊宁远，恬静和易，态度极温，语言极寡。喜生物学，即在先生家中，亦最喜至院庭中细观花木草树态姿生意，把玩研味。熊秉三先生天真，虽长须垂胸，而开口大笑时，尚有孩子遗态。胡石青先生敏锐而透切。江翊云先生静穆。其尊公叔海先生（瀚），余屡尝请谒于方家胡同。豪爽阔达，老而弥壮，高谈放歌，声震梁尘，与吾辈少年情绪投合。翊云先生与父风固殊焉。张伯苓先生开广而又坚毅。蒋百里先生深刻而沉郁。徐君勉先生真挚而诚恳。余樾园先生与吾辈最稔，在先生家往往解衣磅礴，挥毫作画。写巨松图。长二三丈，元气充沛，以赠先师，先师题以长歌，以自厉晚节焉。又各赠吾辈以画帧画扇，遍及诸弟妹，人人欢舞叫笑，极人世至乐。自今观之，樾园先生之画，骨重神隽，与南宋浙派之马（远）、夏（圭）殊，与时代浙派之戴（进）、朱（端）殊，与清代浙

178

派之鹿床（戴熙）、鹤斋（赵之谦）更殊，殆得力于黄大痴（公望），而又发挥其俊朗明爽之个性者钦？樾园先生，吾浙派画苑之别子亢宗也。亦时时以其所珍藏，请先师题跋，余尚记有黄石斋（道周）泼墨山水，蒋山佣（按：下空六字）手书诗卷等。又有粤人罗原觉，常携唐宋珍贵名迹来共赏。今日本影印流传之北宋武宗元笔《朝元仙仗图》长卷真迹，余早在梁宅罗氏携来时见之，真感觉有"五圣联龙衮，千官列雁行，冕旒俱秀发，旌旆尽飞扬"之气象。余对于中国宝绘欣赏之兴趣，最初即培基于此时。

先师《饮冰室全集》，除各种专著外，即单以文体言，包涵之广，体例之杂，真古今罕见。先师尝自言："吾笑俞荫甫（樾）《曲园全集》体例之杂，乃下至楹联、灯谜、牙牌、酒令……都各不肯芟。吾他日之集，毋乃类此。"故今日宰平师所编之《饮冰室合集》楹联以下尽删不录。然先师挽静安先师联；及寿南海先生七十联，则其昌不敢忘也。记之以为文集拾遗。挽王静安先师联云："其学以通方知类为宗，不仅奇字译鞮，创通龟契。一死明行己有耻之义，莫将凡情恩怨，猜意鹓雏。"上联能见王师学问之真价值所在。下联曲折表达王师纯洁之节操。真王师地下知己也。罗叔言先生误认为其昌代作，击节称叹不已。其实此联乃出先师自作也。寿南海先生七十联云："述先圣之玄意，整百家之不齐，人此岁来，已七十矣。奉笾豆于国叟，介眉寿于春酒，亲受业者，盖三千焉。"全联均集《史记》《汉书》，及《郑康成集》原文而成，又切合于康先生之学问及地位，工稳妥帖适合如此，真难能可贵也。其后，康先生卒于青岛，北京学界开追悼会于松筠庵。（明杨椒山先生故宅，康氏第一次上书变法之集合地。）其昌集经典成语为挽联云："大道之行，天下为公，有王者必来取法。群言淆乱，折衷诸圣，微斯人吾谁与归。"以篆文书之。先师遍奖于京中，誉为所有挽联第一。且谓余曰：惟我之寿联，略堪与汝联抗衡！"先师自居挈约奖饬后学之热情，至有如此者。先师易箦，其昌悲痛过分，几至不能为文联，后乃节取先师诗句，不敢更易，裁成为联云："报国惟恐后时，献身作的，天下自任。著论誓移旧俗，新知牖学，百世之师。"庶几先师以身殉国，不辞矢的之牺牲热情；以及开拓新知，文章革命之丰功伟烈，得万一之表见焉。

"献身甘作万矢的，著论求为百世师。誓起民权移旧俗，更研哲理牖新知。十年以后当思我，举国犹狂欲语谁。世界无穷愿无尽，海天寥廓立多时。"

"平生最恶牢骚语，作态呻吟苦恨谁。万事祸为福所倚，百年力与命相持。立身岂患无余地，报国惟忧或后时。未学英雄先学道，肯将荣瘁校群儿。"此先师三十余岁，亡命日本时所作律诗二首，中华民国十五年夏，手书之，以赐其昌者也。牺牲悲壮之热情，救世爱国之弘愿，高尚纯洁之怀抱，清醒鲜新之头脑，勇迈前进之精神，少年激昂之沸血，涌溢楮墨间。今日背忆诵之，犹不自禁热泪之夺眶也。弟子不敏，请事斯语矣。

"三年请业此淹留，二老雕零忽十秋，感激深于羊别驾，哀歌体涕过西洲。"此其昌所作《二十五年故都杂诗》之一——清华园过梁王二先师故宅诗也。附书之以殿此文。

（原载于1942年12月《中央周刊》5卷21期）

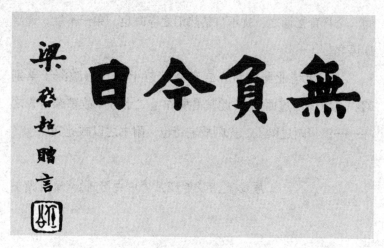

梁启超手书横幅

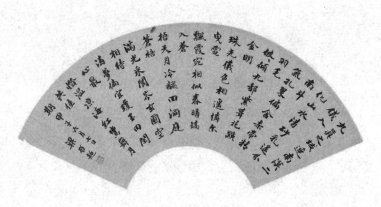

梁启超手书扇面

遥山向晚更碧
秋云不雨常阴

永轩仁弟

集周清真孙巨源词

丙寅四月

梁启超

梁启超手书条幅

三十自述

（1902年12月）

梁启超

"风云入世多，日月掷人急。如何一少年，忽忽已三十。"

此余今年正月二十六日在日本东海道汽车中所作《三十初度·口占十首》之一也。人海奔走，年光蹉跎，所志所事，百未一就，揽镜据鞍，能无悲悚？擎一既结集其文，复欲为作小传。余谢之曰："若某之行谊经历，曾何足有记载之一值。若必不获已者，则人知我，何如我之自知？吾死友谭浏阳曾作《三十自述》，吾毋宁效颦焉。"作《三十自述》。

余乡人也，于赤县神州，有当秦汉之交，屹然独立群雄之表数十年，用其地，与其人，称蛮夷大长，留英雄之名誉于历史上之一省。于其省也，有当宋元之交，我黄帝子孙与北狄异种血战不胜，君臣殉国，自沈崖山，留悲愤之记念于历史上之一县。是即余之故乡也。乡名熊［熊］子，距崖山七里强，当西江入南海交汇之冲，其江口列岛七，而熊［熊］子宅其中央，余实中国极南之一岛民也。先世自宋末由福州徙南雄，明末由南雄徙新会，定居焉，数百年栖于山谷。

族之伯叔兄弟，且耕且读，不问世事，如桃源中人，顾闻父老口碑所述，吾大王父最富于阴德，力耕所获，一粟一帛，辄以分惠诸族党之无告者。王父讳维清，字镜泉，为郡生员，例选广文，不就。王母氏黎。父名宝瑛，字莲涧。夙教授于乡里。母氏赵。

余生同治癸酉正月二十六日，实太平国亡于金陵后十年，清大学士曾国藩卒后一年，普法战争后三年，而意大利建国罗马之岁也。生一月而王母黎卒。逮事王父者十九年。王父及见之孙八人，而爱余尤甚。三岁仲弟启勋生，四五岁就王父及母膝下授四子书、《诗经》，夜则就睡王父榻，日与言古豪杰哲人嘉言懿行，而尤喜举亡宋、亡明国难之事，津津道之。六岁后，就父读，受中国略史，五经卒业。八岁学为文。

九岁能缀千言。十二岁应试学院，补博士弟子员，日治帖括，虽心不慊之，然不知天地间于帖括外，更有所谓学也，辄埋头钻研，顾颇喜词章。王父、父母时授以唐人诗，嗜之过于八股。家贫无书可读，惟有《史记》一，《纲鉴易知录》一，王父、父日以课之，故至今《史记》之文，能成诵八九。父执有爱其慧者，赠以《汉书》一，姚氏《古文辞类

185

纂》一，则大喜，读之卒业焉。父慈而严，督课之外，使之劳作，言语举动稍不谨，辄呵斥不少假借，常训之曰："汝自视乃如常儿乎！"至今诵此语不敢忘。十三岁始知有段、王训诂之学，大好之，渐有弃帖括之志。十五岁，母赵恭人见背，以四弟之产难也，余方游学省会，而时无轮舶，奔丧归乡，已不获亲含殓，终天之恨，莫此为甚。时肄业于省会之学海堂，堂为嘉庆间前总督阮元所立，以训诂词章课粤人者也。至是乃决舍帖括以从事于此，不知天地间于训诂词章之外，更有所谓学也。己丑年十七，举于乡，主考为李尚书端棻，王镇江仁堪。年十八计偕入京师，父以其稚也，挚与偕行，李公以其妹许字焉。下第归，道上海，从坊间购得《瀛环志略》读之，始知有五大洲各国，且见上海制造局译出西书若干种，心好之，以无力不能购也。

其年秋，始交陈通甫。通甫时亦肄业学海堂，以高才生闻。既而通甫相语曰："吾闻南海康先生上书请变法，不达，新从京师归，吾往谒焉，其学乃为吾与子所未梦及，吾与子今得师矣。"于是乃因通甫修弟子礼事南海先生。时余以少年科第，且于时流所推重之训诂词章学，颇有所知，辄沾沾自喜。先生乃以大海潮音，作狮子吼，取其所挟持之数百年无用旧学更端驳诘，悉举而摧陷廓清之。自辰入见，及戌始退，冷水浇背，当头一棒，一旦尽失其故垒，惘惘然不知所从事，且惊且喜，且怨且艾，且疑且惧，与通甫联床竟夕不能寐。明日再谒，请为学方针，先生乃教以陆王心学，而并及史学、西学之梗概。自是决然舍去旧学，自退出学海堂，而间日请业南海之门。生平知有学自兹始。

辛卯余年十九，南海先生始讲学于广东省城长兴里之万木草堂，徇通甫与余之请也。先生为讲中国数千年来学术源流，历史政治，沿革得失，取万国以比例推断之。余与诸同学日札记其讲义，一生学问之得力，皆在此年。先生又常为语佛学之精粤博大，余夙根浅薄，不能多所受。先生时方著《公理通》、《大同学》等书，每与通甫商榷，辨析入微，余辄侍末席，有听受，无问难，盖知其美而不能通其故也。先生著《新学伪经考》，从事校勘；著《孔子改制考》，从事分纂。

日课则《宋元明儒学案》、二十四史、《文献通考》等，而草堂颇有藏书，得恣涉猎，学稍进矣。其年始交康幼博。十月，入京师，结婚李氏。明年壬辰，年二十，王父弃养。自是学于草堂者凡三年。

甲午年二十二，客京师，于京国所谓名士者多所往还。六月，日本战事起，愤愤时局，时有所吐露，人微言轻，莫之闻也。顾益读译书，治算学、地理、历史等。明年乙未，和议成，代表广东公车百九十人，上书陈时局。既而南海先生联公车三千人，上书请变法，余亦从其后奔走焉。其年七月，京师强学会开，发起之者，为南海先生，赞之者为郎中陈炽，郎中沈曾植，编修张孝谦，浙江温处道袁世凯等。余被委为会中书记员。不三月，为言官所劾，会封禁。而余居会所数月，会中于译出西书购置颇备，得以余日尽浏览之，而后益斐然有述作之志。其年始交谭复生、杨叔峤、吴季清铁樵，子发父子。

京师之开强学会也，上海亦踵起。京师会禁，上海会亦废。而黄公度倡议续其余绪，开一报馆，以书见招。三月去京师，至上海，始交公度。七月《时务报》开，余专任撰述之役，报馆生涯自兹始，著《变法通议》、《西学书目表》等书。其冬，公度简出使德国大臣，奏请偕行，会公度使事辍，不果。出使美、日、秘大臣伍廷芳，复奏派为参赞，力辞之。

伍固请，许以来年往，既而终辞，专任报事。丁酉四月，直隶总督王文韶，湖广总督张之洞，大理寺卿盛宣怀，连衔奏保，有旨交铁路大臣差遣，余不之知也。既而以札来，粘奏折上谕焉，以不愿被人差遣辞之。张之洞屡招邀，欲致之幕府，固辞。时谭复生宦隐金陵，间月至上海，相过从，连舆接席。复生著《仁学》，每成一篇，辄相商榷，相与治佛学，复生所以砥砺之者良厚。十月，湖南陈中丞宝箴，江督学标，聘主湖南时务学堂讲席，就之。时公度官湖南按察使，复生亦归湘助乡治，湘中同志称极盛。未几，德国割据胶州湾事起，瓜分之忧，震动全国，而湖南始创南学会，将以为地方自治之基础，余颇有所赞画。而时务学堂于精神教育，亦三致意焉。其

188

年始交刘裴邨、林暾谷、唐绂丞，及时务学堂诸生李虎村、林述唐、田均一、蔡树珊等。

明年戊戌，年二十六。春，大病几死，出就医上海，既痊，乃入京师。南海先生方开保国会，余多所赞画奔走。四月，以徐侍郎致靖之荐，总理衙门再荐，被召见，命办大学堂译书局事务。时朝廷锐意变法，百度更新，南海先生深受主知，言听谏行，复生、暾谷、叔峤、裴邨，以京卿参预新政，余亦从诸君子之后，黾勉尽瘁。八月政变，六君子为国流血，南海以英人仗义出险，余遂乘日本大岛兵舰而东。去国以来，忽忽四年矣。

戊戌九月至日本，十月与横滨商界诸同志谋设《清议报》。自此居日本东京者一年，稍能读东文，思想为之一变。

己亥七月，复与滨人共设高等大同学校于东京，以为内地留学生预备科之用，即今之清华学校是也。其年美洲商界同志，始有中国维新会之设，由南海先生所鼓舞也。冬间美洲人招往游，应之。以十一月首途，道出夏威夷岛，其地华商二万余人，相萦留，因暂住焉，创夏威夷维新会。适以治疫故，航路不通，遂居夏威夷半年。至庚子六月，方欲入美，而义和团变已大起，内地消息，风声鹤唳，一日百变。已而屡得内地函电，促归国，遂回马首而西，比及日本，已闻北京失守之报。七月急归沪，方思有所效，抵沪之翌日，而汉口难作，唐、林、李、蔡、黎、傅诸烈，先后就义，公私皆不获有所救。留沪十日，遂去，适香港，既而渡南洋，谒南海，遂道印度，游澳洲，应彼中维新会之招也。居澳半年，由西而东，环洲历一周而还。辛丑四月，复至日本。

尔来蛰居东国，忽又岁余矣，所志所事，百不一就。惟日日为文字之奴隶，空言喋喋，无补时艰。平旦自思，只有惭悚。顾自审我之才力，及我今日之地位，舍此更无术可以尽国民责任于万一。兹事虽小，亦安得已。一年以来，颇竭棉薄，欲草一中国通史以助爱国思想之发达，然荏苒日月，至今犹未能成十之二。惟于今春为《新民丛报》，冬间复创刊《新小说》，述其所学所怀抱者，以质于当世达人志士，冀以为中国国民逦铎之一助。呜呼！国家多难，岁月如流，眇眇之身，力小任重。吾友韩孔广诗云："舌下无英雄，笔底无奇士。"呜呼，笔舌生涯，已催我中年矣！此后所以报国民之恩者，未知何如？每一念及，未尝不惊心动魄，抑塞而谁语也。

孔子纪元二千四百五十三年壬寅十一月，任公自述。

我之为童子时

梁启超

我为童子时，未有学校也。我初认字，则我母教我，直至十岁，皆受学于我祖父，我父。我祖父母及我父母皆钟爱我，并责骂且甚少，何论鞭挞。然我亦尝受鞭三次，至今犹历历可记，汝等愿闻此老受鞭之故乎？

我家之教，凡百罪过，皆可饶恕，惟说谎话，斯不饶恕。我六岁时，不记因何事，忽说谎一句，所说云何，亦已忘却，但记不久即为我母亲发觉。时我父方在省城应试也。晚饭后，我母传我至卧房，严加盘诘。我一入房，已惊骇不知所措。盖我母温良之德，全乡皆知，我有生以来，只见我母终日含笑，今忽见其盛怒之状，几不复认识为吾母矣。我母命我跪下受考问。我若矢口自承其罪，则此鞭或遂逃却，亦未可知。无奈我忽睹母威，仓皇失措，妄思欺饰以霁母怒。汝等试思母已知我犯罪，然后发怒，岂复可欺饰者？当时我以童子无识，出此下策，一何可笑！汝等勿笑，可怜我稚温泽之躯，自出胎以来，未尝经一次苦楚，当时被我母翻伏在膝前，力鞭十数。我母当时教我之言甚多，我亦不必一一为汝等告，但记有数语云："汝等再说谎，汝将来便成窃盗，便成乞丐！"汝等试思，我母之言，得毋太过否？偶然说句谎话，何至便成窃盗，便成乞丐？我母旋又教我曰："凡人何故说谎？或者有不应为之事，而我为之，畏人之责其不应为而为也，则谎言吾未尝为；或者有必应为之事，而我不为，畏人之责其应为而不为也，则谎言吾已为之。夫不应为而为，应为而不为，已成罪过矣。若己不知其为罪过，犹可言也，他日或自能知之，或他人告之，则改焉而不复如此矣。今说谎者，则明知其为罪过而故犯之也。不惟故犯，且自欺欺人，而自以为得计也。人若明知罪过而故犯，且欺人而以为得计，则与窃盗之性质何异？天下万恶，皆起于是矣！然欺人终必为人所知，将来人人皆指而目之曰，此好说谎话之人也，则无人信之。既无人信，则不至成为乞丐焉而不止也！"我母此段教训，我至今常记在心，谓为千古名言。汝等试思此为名言否耶？最可怜者，我伯姐陪我长跪半宵，犹复独哭一夜．伯姐何为哭？惧我父知之，我所受鞭扑更甚于今夕也。虽然，我伯姐之惧徒惧矣。我母爱我甚，且察我已能受教，遂未尝为我父言也。呜呼！吾母弃养将三十年矣，吾姐即世亦且十年。吾述此事，吾涕沾纸矣。汝等有母之人，须知天下爱我者，无过于母。而母之教训，实不易多得，长大而思母训，恐母不我待矣。

192

论近世国民竞争之大势及中国前途

（1899年10月15日）

梁启超

国民与国家之异

中国人不知有国民也，数千年来通行之语，只有以国家二字并称者，未闻有以国民二字并称者。国家者何？国民者何？国家者，以国为一家私产之称也。古者国之起原，必自家族。一族之长者，若其勇者，统率其族以与他族相角，久之而化家为国，其权无限，奴畜群族，鞭笞叱咤，一家失势，他家代之，以暴易暴，无有已时，是之谓国家。国民者，以国为人民公产之称也。国者积民而成，舍民之外，则无有国。

以一国之民，治一国之事，定一国之法，谋一国之利，捍一国之患，其民不可得而侮，其国不可得而亡，是之谓国民。

国民竞争与国家竞争之异

有国家之竞争，有国民之竞争。国家竞争者，国君糜烂其民以与他国争者也；国民竞争者，一国之人各自为其性命财产之关系而与他国争者也。孔子之无义战也，墨子之非攻也，孟子所谓率土地而食人肉，罪不容于死也，皆为国家竞争者言之也。近世欧洲大家之论曰："竞争者，进化之母也；战事者，文明之媒也。"为国民竞争者言之也。国家竞争其力薄，国民竞争其力强；国家竞争其时短，国民竞争其时长。

今夫秦始皇也，亚历山大也，成吉思汗也，拿破仑也，古今东西史乘所称武功最盛之人也，其战也，皆出自封豕长蛇之野心，席卷囊括之异志，眈眈逐逐，不复可制，遂不惜驱一国之人以殉之。其战也，一人之战，非一国之战也。惟一人之战，故其从战者皆迫于号令，不得已而赴之，苟可以规避者，则获免为幸，是以其军志易涣，其军气易馁，故曰其力弱；惟一人之战，故其人一旦而败也，一旦而死也，其战事遂烟消瓦解，不留其影响，故曰其时短。若国民竞争则反是。凡任国事者，遇国难之至，当视其敌国为国家之竞争乎？

为国民之竞争乎？然后可以语于御抵之法也。

今日世界之竞争力与其由来

呜呼，世界竞争之运，至今日而极矣！其原动力发始于欧洲，转战突进，盘若旋风，疾若掣电，倏忽叱咤，而遍于全球。试一披地图，世界六大陆，白色人种已有其五，所余者惟亚细亚一洲而已。而此亚细亚者，其面积二分之一，人口十分之四，已属白人肘腋之物。盖自洲之中部至北部全体，已为俄人所有，里海殆如俄国之内湖。南部之中央五印度全境，为英奴隶，印度西邻之阿富汗、俾路芝，亦为英之保护国，归其势力范围之内。法国当距今四十年前，始染指于亚洲之东南；同治元年，占交趾，灭柬埔寨；光绪十年，遂亡安南；十九年，败暹罗，割其地三分之一。英人于光绪十一年，亡缅甸，擒其王。而波斯因英、俄均权，仅留残喘。高丽因俄、日协议，聊保余生。计欧人竞争之力所及，除其余四大洲外，而所得于亚细亚之领地者，则：

	面积（日本里）	人口
亚细亚洲	2,880,000方里	835,000,000人
俄属	1,100,000方里	20,000,000人
英属	330,000方里	300,000,000人
法属	44,700方里	22,000,000人

葡属　　　　　1，300方里　　　　　1，000，000人

欧属总计　　　1，476，000方里　　　343，000，000人

其竞争力之强悍而过去成绩之宏伟也如此。今者移戈东向，万马齐力，以集于我支那。然则其力之所由来与其所终极，不可不惴惴而留意也。

自前世纪以来，学术日兴，机器日出，资本日加，工业日盛，而欧洲全境，遂有生产过度之患，其所产物不能不觅销售之地，前者哥仑布之开美洲，谓为新世界，谓足以调剂欧洲之膨胀，然数百年来，既已自成为产物之地，昔为欧人殖民之域者，今方且谋殖民于他境。其次如印度，如澳洲，欧人以全力经营之，将赖之为消受产物之所，不数十年，非直不能消受而已，而其本地所产之物，又且皇皇然谋销场于他地。于是欧人大窘，不得已而分割亚非利加，举洲若狂，今者虽撒哈拉大沙漠中一粒之沙，亦有主权者矣。虽然，以欧人之工商业，而欲求主顾于非洲人，虽费尽心血以开通之，其收效必在百数十年以后，而彼其生产过度之景况，殆不可终日。于是欧人益大窘，于是皇皇四顾，茫茫大地，不得不瞬其鹰目，涎其虎口，以暗吸明噬我四千年文明祖国、二万万里膏腴天府之支那。

196

今日世界之竞争国民竞争也

由此观之，今日欧美诸国之竞争，非如秦始皇、亚力山大、成吉思汗、拿破仑之徒之逞其野心，黩兵以为快也，非如封建割据之世，列国民贼缘一时之私忿，谋一时之私利，而兴兵构怨也，其原动力乃起于国民之争自存。以天演家物竞天择、优胜劣败之公例推之，盖有欲已而不能已者焉。故其争也，非属于国家之事，而属于人群之事；非属于君相之事，而属于民间之事；非属于政治之事，而属于经济（用日本名，今译之为资生）之事。故夫昔之争属于国家君相政治者，未必人民之所同欲也；今则人人为其性命财产而争，万众如一心焉。昔之争属于国家君相政治者，过其时而可以息也；今则时时为其性命财产而争，终古无已时焉。呜呼，危矣殆哉！当其冲者，何以御之？

中国之前途

哀时客曰：哀哉，吾中国之不知有国民也。不知有国民，于是误认国民之竞争为国家之竞争，故不得所以待之之道，而终为其所制也。待之之道若何？曰：以国家来侵者，则

197

可以国家之力抵之；以国民来侵者，则必以国民之力抵之。国民力者，诸力中最强大而坚忍者也！欧洲国民力之发达，亦不过百余年间事耳，然挟之以挥斥八极，亭毒全球，游刃有余，贯革七札。虽然，彼其力所能及之国，必其国无国民力者也。

苟遇有国民力之国，则欧人之锋固不得不顿，而其舵固不得不转。何以证之？昔昔白种人以外之国，其有此力者殆希也，而三十年前一遇之于日本，近则再遇之于菲律宾，三遇之于德郎士哇儿（即南阿共和国，近与英国议开战者）。夫以三十年前之日本与今日之菲律宾、德郎士哇儿，比诸欧美诸雄，其强弱之相去不可道里计也，然欧美之锋为之顿而舵为之转者何也？以国民之力，抵他人国民竞争之来侵，其所施者当而其收效易易也。

今我中国国土云者，一家之私产也；国际（即交涉事件）云者，一家之私事也；国难云者，一家之私祸也；国耻云者，一家之私辱也。民不知有国，国不知有民，以之与前此国家竞争之世界相遇，或犹可以图存，今也在国民竞争最烈之时，其将何以堪之！其将何以堪之！！欧人知其病源也，故常以猛力威我国家，而常以暗力侵我国民。威国家何以用猛力？知国家之力必不足以抗我，而国事非民所能过问，民无爱国心，虽摧辱其国而莫予愤也。侵国民何以必用暗力？知政府不爱民，虽侵之而必不足以动其心，特恐民一旦知之，而其力将发而不能制，故行之以阴，受之以柔也。呜呼！今之铁路、矿务、关税、租界、传教之事，非皆以暗力行之者乎？充其利用暗力之极量，必至尽寄其力于今日之政府与各省官吏，挟之以钤压我国民，于是我国民永无觉悟之时，国民之力永无发达之时，然后彼之所谓生产过度、皇皇然争自存者，乃得长以我国为外府，而无复忧矣，此欧洲人之志也。呜呼！我国民其有知此者乎？苟其未知，吾愿其思所以知之；苟其已知，吾愿其思所以行之。行之维何？曰仍在国民力而已。国民何以能有力？力也者，非他人所能与我，我自有之而自伸之，自求之而自得之者也。彼欧洲国民之能有力，盖不知掷几许头颅、洒几许鲜血以易之矣。国民乎，国民乎，其犹其争自存之心乎，抑曾菲律宾、德郎士哇儿之不若也？

少年中国说

（1900年2月10日）

梁启超

日本人之称我中国也，一则曰老大帝国，再则曰老大帝国。是语也，盖袭译欧西人之言也。呜呼！我中国其果老大矣乎？梁启超曰：恶，是何言！是何言！吾心目中有一少年中国在。

欲言国之老少，请先言人之老少：老年人常思既往，少年人常思将来。惟思既往也，故生留恋心；惟思将来也，故生希望心。惟留恋也，故保守；惟希望也，故进取。惟保守也，故永旧；惟进取也，故日新。惟思既往也，事事皆其所已经者，故惟知照例；惟思将来也，事事皆其所未经者，故常敢破格。老年人常多忧虑，少年人常好行乐。惟多忧也，故灰心；惟行乐也，故盛气。惟灰心也，故怯懦；惟盛气也，故豪壮。惟怯懦也，故苟且；惟豪壮也，故冒险。惟苟且也，故能灭世界；惟冒险也，故能造世界。老年人常厌事，少年人常喜事。惟厌事也，故常觉一切事无可为者；惟好事也，故常觉一切事无不可为者。老年人如夕照，少年人如朝阳。老年人如瘠牛，少年人如乳虎。老年人如僧，少年人如侠。老年人如字典，少年人如戏文。老年人如鸦片烟，少年人如泼兰地酒；老年人如别行星之陨石，少年人如大洋海之珊瑚岛。老年人如埃及沙漠之金字塔，少年人如西伯利亚之铁路。老年人如秋后之柳，少年人如春前之草。老年人如死海之潴为泽，少年人如长江之初发源。此老年与少年性格不同之大略也。梁启超曰：人固有之，国亦宜然。

梁启超曰：伤哉，老大也！浔阳江头琵琶妇，当明月绕船，枫叶瑟瑟，衾寒于铁，似梦非梦之时，追想洛阳尘中春花秋月之佳趣。西宫南内，白发宫娥，一灯如穗，三五对坐，谈开元、天宝间遗事，谱霓裳羽衣曲；青门种瓜人，左对孺人，顾弄孺子，忆侯门似海珠履杂遝之盛事。拿破仑之流于厄蔑，阿剌飞之幽于锡兰，与三两监守吏，或过访之好事者，道当年短刀匹马，驰骋中原，席卷欧洲，血战海楼，一声叱咤，万国震恐之丰功伟烈，初而拍案，继而抚髀，终而揽镜。呜呼！面皱齿尽，白发盈把，颓然老矣。若是者，舍幽郁之外无心事，舍悲惨之外无天地，舍颓唐之外无日月，舍叹息之外无音声，舍待死之外无事业，美人豪杰且然，而况于寻常碌碌者耶？生平亲友，皆在墟墓；起居饮食，待命于人。今日且过，遑知他日？今年且过，遑恤明年？普天下灰心短气之事，未有甚于老大者。于此人也，而欲望以擎云之手段，回天之事功，挟山超海之意气，能乎不能？

呜呼！我中国其果老大矣乎？立乎今日，以指畴昔，唐虞三代，若何之郅治；秦皇汉武，若何之雄杰；汉唐来之文学，若何之隆盛；康乾间之武功，若何之烜赫；历史家所铺叙，词章家所讴歌，何一非我国民少年时代良辰美景、赏心乐事之陈迹哉。而今颓然老矣，昨日割五城，明日割十城，处处雀鼠尽，夜夜鸡犬惊。十八省之土地财产，已为人怀中之肉；四百兆之父兄子弟，已为人注籍之奴，岂所谓"老大嫁作商人妇"者耶？呜呼！凭君莫话当年事，憔悴韶光不忍看，楚囚相对，岌岌顾影，人命危浅，朝不虑夕。国为待死之国，一国之民为待死之民，万事付之奈何。一切凭人作弄，亦何足怪！

梁启超曰：我中国其果老大矣乎？是今日全地球之一大问题也。如其老大也，则是中国为过去之国，即地球上昔本有此国，而今渐渐灭，他日之命运殆将尽也；如其非老大也，则是中国为未来之国，即地球上昔未现此国，而今渐发达，他日之前程且方长也。欲断今日之中国为老大耶？为少年耶？则不可不先明国字之意义。夫国也者何物也？有土地，有人民，以居于其土地之人民而治其所居之土地之事，自制法律而自守之；有主权，有服从，人人皆主权者，人人皆服从者。夫如是斯谓之完全成立之国。地球上之有完全成立之国也，自百年以来也。完全成立者，壮年之事也。未能完全成立而渐进于完全成立者，少年之事也。故吾得一言以断之曰：欧洲列邦在今日为壮年国，而我中国在今日为少年国。

夫古昔之中国者，虽有国之名，而未成国之形也。或为家族之国，或为酋长之国，或为诸侯封建之国，或为一王专制之国，虽种类不一，要之，其于国家之体质也，有其一部而缺其一部。正如婴儿自胚胎以迄成童，其身体之一二官支，先行长成，此外则全体虽粗具，然未能得其用也。故唐虞以前为胚胎时代，殷周之际为乳哺时代，由孔子而来至于今为童子时代，逐渐发达，而今乃始将入成童以上少年之界焉。其长成所以若是之迟者，则历代之民贼有窒其生机者也。譬犹童年多病，转类老态，或且疑其死期之将至焉，而不知皆由未完全未成立也。非过去之谓，而未来之谓也。

且我中国畴昔，岂尝有国家哉？不过有朝廷耳！我黄帝子孙，聚族而居，立于此地球之上者既数千年，而问其国之为何名，则无有也。夫所谓唐、虞、夏、商、周、秦、汉、魏、晋、宋、齐、梁、陈、隋、唐、宋、元、明、清者，则皆朝名耳。朝也者，一家之私产也；国也者，人民之公产也。朝有朝之老少，国有国之老少，朝与国既异物，则不能以朝之老少而指为国之老少明矣。文、武、成、康，周朝之少年时代也；幽、厉、桓、赧，则其老年时代也。高、文、景、武，汉朝之少年时代也；元、平、桓、灵，则其老年时代也。自余历朝，莫不有之。凡此者，谓为一朝廷之老也则可，谓为一国之老也则不可。一朝廷之老且死，犹一人之老且死也，于吾所谓中国者何与焉。然则，吾中国者，前此尚未出现于世界，而今乃始萌芽云尔。天地大矣，前途辽矣，美哉，我少年中国乎！

玛志尼者，意大利三杰之魁也。以国事被罪，逃窜异邦，乃创立一会，名曰少年意大利。举国志士，云涌雾集以应之，卒乃光复旧物，使意大利为欧洲之一雄邦。夫意大利者，欧洲第一之老大国也。自罗马亡后，土地隶于教皇，政权归于奥国，殆所谓老而濒于死者矣，而得一玛志尼，且能举全国而少年之，况我中国之实为少年时代者耶？堂堂四百余州之国土，凛凛四百余兆之国民，岂遂无一玛志尼其人者。

龚自珍氏之集有诗一章，题曰《能令公少年行》。吾尝爱读之，而有味乎其用意之所存。我国民而自谓其国之老大也，斯果老大矣；我国民而自知其国之少年也，斯乃少年矣。西谚有之曰："有三岁之翁，有百岁之童。"然则国之老少，又无定形，而实随国民之心力以为消长者也。吾见乎玛志尼之能令国少年也，吾又见乎我国之官吏士民能令国老大也，吾为此惧！夫以如此壮丽浓郁翩翩绝世之少年中国，而使欧西、日本人谓我为老大者，何也？则以握国权者皆老朽之人也。非哦几十年八股，非写几十年白折，非当几十年差，非捱几十年俸，非递几十年手本，非唱几十年喏，非磕几十年头，非请几十年安，则必不能得一官，进一职。其内任卿贰以上，外任监司以上者，百人之中，其五官不备者，殆九十六七人也，非眼盲，则耳聋，非手颤，则足跛，否则半身不遂也。彼其一身饮食步履视听言语，尚且不能自了，须三四人在左右扶之捉之，乃能度日，于此而乃欲责之以国事，是何异立无数木偶而使之治天下也。且彼辈者，自其少壮之时，既已不知亚细、欧罗为何处地方，汉祖、唐宗是那朝皇帝；犹嫌其顽钝腐败之未臻其极，又必搓磨之，陶冶之，待其脑髓已涸，血管已塞，气息奄奄，与鬼为邻之时，然后将我二万里山河，四万万人命，一举而畀于其手。呜呼！老大帝国，诚哉其老大也。而彼辈者，积其数十年之八股、白折、当差、捱俸、手本、唱喏、磕头、请安，千辛万苦，千苦万辛，乃始得此红顶花翎之服色，中堂大人之名号，乃出其全副精神，竭其毕生力量，以保持之。如彼乞儿，拾金一锭，虽轰雷盘旋其顶上，而两手犹紧抱其荷包，他事非所顾也，非所知也，非所闻也。于此而告之以亡国也，瓜分也，彼乌从而听之，乌从而信之。即使果亡矣，果分矣，而吾今年既七十矣八十矣，但求其一两年内，洋人不来，强盗不起，我已快活过了一世矣。

若不得已，则割三头两省之土地，奉申贺敬，以换我几个箝门；卖三几百万之人民作仆为奴，以赎我一条老命，有何不可？有何难办？呜呼！今之所谓老后、老臣、老将、老吏者，其修身、齐家、治国、平天下之手段，皆具于是矣。

"西风一夜催人老，凋尽朱颜白尽头。"使走无常当医生，携催命符以祝寿，嗟乎痛哉！以此为国，是安得不老且死，且吾恐其未及岁而殇也。

梁启超曰：造成今日之老大中国者，则中国老朽之冤业也；制出将来之少年中国者，则中国少年之责任也。彼老朽者何足道，彼与此世界作别之日不远矣，而我少年乃新来而与世界为缘。如傀屋者然，彼明日将迁居地方，而我今日始入此室处。将迁居者，不爱护其窗棂，不洁治其庭庑，俗人恒情，亦何足怪！若我少年者，前程浩浩，后顾茫茫。中国而为牛、为马、为奴、为隶，则烹脔鞭箠之惨酷，惟我少年当之；中国如称霸宇内，主盟地球，则指挥顾盼之尊荣，惟我少年享之。于彼气息奄奄，与鬼为邻者，何与焉？彼而漠然置之，犹可言也；我而漠然置之，不可言也。使举国之少年而果为少年也，则吾中国为未来之国，其进步未可量也；使举国之少年而亦为老大也，则吾中国为过去之国，其澌亡可翘足而待也。故今日之责任，不在他人，而全在我少年。少年智则国智，少年富则国富，少年强则国强，少年独立则国独立，少年自由则国自由，少年进步则国进步，少年胜于欧洲则国胜于欧洲，少年雄于地球则国雄于地球。红日初升，其道大光；河出伏流，一泻汪洋。潜龙腾渊，鳞爪飞扬；乳虎啸谷，百兽震惶。鹰隼试翼，风尘吸张；奇花初胎，矞矞皇皇。干将发硎，有作其芒。天戴其苍，地履其黄。纵有千古，横有八荒。前途似海，来日方长。美哉我少年中国，与天不老！壮哉我中国少年，与国无疆！

　　"三十功名尘与土，八千里路云和月。莫等闲白了少年头，空悲切。"此岳武穆《满江红》词句也，作者自六岁时即口受记忆，至今喜诵之不衰。自今以往，弃哀时客之名，更自名曰"少年中国之少年"。

　　作者附识。

戊戌六君子传

（1899年1月）

梁启超

康广仁传

康君名有溥，字广仁，以字行，号幼博，又号大广，南海先生同母弟也。精悍厉鸷，明照锐断，见事理若区别白黑，勇于任事，洞于察机，善于观人，遂于生死之故，长于治事之条理，严于律己，勇于改过。自少即绝意不事举业，以为本国之弱亡，皆由八股锢塞人才所致，故深恶痛绝之，偶一应试，辄弃去。弱冠后，尝为小吏于浙。盖君之少年血气太刚，倜傥自喜，行事间或跅弛，踰越范围，南海先生欲裁抑之，故遣入宦场，使之游于人间最秽之域，阅历乎猥鄙奔竞险诈苟且阘冗势利之境，使之尽知世俗之情伪，然后可以收敛其客气，变化其气质，增长其识量。君为吏岁余，尝委保甲差、文闱差，阅历宦场既深，大耻之，挂冠而归。自是进德勇猛，气质大变，视前此若两人矣。

君天才本卓绝，又得贤兄之教，覃精名理，故其发论往往精奇悍锐，出人意表，闻者为之咋舌变色，然按之理势，实无不切当。自弃官以后，经历更深，学识更加，每与论一事，穷其条理，料其将来，不爽累黍，故南海先生常资为谋议焉。

今年春，胶州、旅顺既失，南海先生上书痛哭论国是，请改革。君曰："今日在我国而言改革，凡百政事皆第二著也，若第一著则惟当变科举，废八股取士之制，使举国之士，咸弃其顽固谬陋之学，以讲求实用之学，则天下之人如瞽者忽开目，恍然于万国强弱之故，爱国之心自生，人才自出矣。阿兄历年所陈改革之事，皆千条万绪，彼政府之人早已望而生畏，故不能行也。今当以全副精神专注于废八股之一事，锲而不舍，或可有成。此关一破，则一切新政之根芽已立矣。"

盖当是时犹未深知皇上之圣明，故于改革之事，不敢多所奢望也。及南海先生既召见，乡会八股之试既废，海内志士额手为国家庆。君乃曰："士之数莫多于童生与秀才，几居全数百分之九十九焉。今但革乡会试而不变岁科试，未足以振刷此辈之心目。且乡会试期在三年以后，为期太缓。此三年中，人事靡常。今必先变童试、岁科试，立刻施行然后可。"乃与御史宋伯鲁谋，抗疏言之，得旨俞允。于是君请南海先生曰：

"阿兄可以出京矣。我国改革之期今尚未至。且千年来，行愚民之政，压抑既久，人才乏绝，今全国之人材，尚不足以任全国之事，改革甚难有效。今科举既变，学堂既开，阿兄宜归广东、上海，卓如宜归湖南，专心教育之事，著书译书撰报，激厉士民爱国之心，养成多数实用之才，三年之后，然后可大行改革也。

时南海先生初被知遇，天眷优渥，感激君恩，不忍舍去。

既而天津阅兵废立之事，渐有所闻，君复语曰："自古无主权不一之国而能成大事者，今皇上虽天亶睿圣，然无赏罚之权，全国大柄，皆在西后之手，而满人之猜忌如此，守旧大臣之相嫉如此，何能有成？阿兄速当出京养晦矣。先生曰："孔子之圣，知其不可而为之，凡人见孺子将入于井，犹思援之，况全国之命乎？况君父之难乎？西后之专横，旧党之顽固，皇上非不知之，然皇上犹且舍位亡身以救天下，我忝受知遇，义固不可引身而退也。"君复曰："阿兄虽舍身思救之，然于事必不能有益，徒一死耳。死固不足惜，但阿兄生平所志所学，欲发明公理以救全世界之众生者，他日之事业正多，责任正重，今尚非死所也。"先生曰："生死自有天命，吾十五年前，经华德里筑屋之下，飞砖猝坠，掠面而下，面损流血。使彼时飞砖斜落半寸，击于脑，则死久矣。

天下之境遇皆华德里飞砖之类也。今日之事虽险，吾亦以飞砖视之，但行吾心之所安而已，他事非所计也。"自是君不复敢言出京。然南海先生每欲有所陈奏，有所兴革，君必劝阻之，谓当俟诸九月阅兵以后，若皇上得免于难，然后大举，未为晚也。

故事凡皇上有所敕任，有所赐赍，必诣宫门谢恩，赐召见焉。南海先生先后奉命为总理各国事务衙门章京，督办官报局，又以著书之故，赐金二千两，皆当谢恩，君独谓"西后及满洲党相忌已甚，阿兄若屡见皇上，徒增其疑而速其变，不如勿往"。故先生自六月以后，上书极少，又不觐见，但上折谢恩，惟于所进呈之书，言改革之条理而已，皆从君之意也，其料事之明如此。南海先生既决意不出都，俟九月阅兵之役，谋有所救护，而君与谭君任此事最力。初，余既奉命督办译书，以君久在大同译书局，谙练此事，欲托君出上海总其成。行有日矣，而八月初二日忽奉明诏，命南海先生出京；初三日又奉密诏敦促。一日不可留。先生恋阙甚耿耿，君乃曰："阿兄即行，弟与复生、卓如及诸君力谋之。"盖是时虽知事急，然以为其发难终在九月，故欲竭蹶死力，有所布置也，以故先生行而君独留，遂及于难，其临大节之不苟又如此。君明于大道，达于生死，常语余云："吾生三十年，见兄弟戚友之年，与我相若者，今死去不计其数矣。吾每将己身与彼辈相较，常作已死观；今之犹在人间，作死而复生观，故应做之

211

事，即放胆做去，无所挂碍，无所恐怖也。"盖君之从容就义者，其根柢深厚矣。

既被逮之日，与同居二人程式谷、钱维骥同在狱中，言笑自若，高歌声出金石。程、钱等固不知密诏及救护之事，然闻令出西后，乃曰："我等必死矣。"君厉声曰："死亦何伤！汝年已二十余矣，我年已三十余矣，不犹愈于生数月而死，数岁而死者乎？且一刀而死，不犹愈于抱病岁月而死者乎？特恐我等未必死耳，死则中国之强在此矣，死又何伤哉？"

程曰："君所言甚是，第外国变法，皆前者死，后者继，今我国新党甚寡弱，恐我辈一死后，无继者也。"君曰："八股已废，人才将辈出矣，何患无继哉？"神气雍容，临节终不少变，呜呼烈矣！

南海先生之学，以仁为宗旨，君则以义为宗旨，故其治事也，专明权限，能断割，不妄求人，不妄接人，严于辞受取与，有高掌远蹠摧陷廓清之概。于同时士大夫皆以豪俊俯视之。当十六岁时，因恶帖括，故不悦学，父兄责之，即自抗颜为童子师。疑其游戏必不成，姑试之，而从之学者有八九人，端坐课弟子，庄肃俨然，手创学规，严整有度，虽极顽横之童子，戢戢奉法惟谨。自是知其为治事才，一切家事营辨督租皆委焉。

其治事如商君法，如孙武令，严密缜栗，令出必行，奴

212

仆无不畏之，故事无不举。少年曾与先生同居一楼，楼前有芭蕉一株，经秋后败叶狼藉。先生故有茂对万物之心，窗草不除之意，甚爱护之。忽一日，失蕉所在，则君所锄弃也。先生责其不仁，君曰："留此何用，徒乱人意。"又一日，先生命君检其阁上旧书整理之，以累世为儒，阁上藏前代帖括甚多，君举而付之一炬。先生诘之，君则曰："是区区者尚不割舍耶？留此物，此楼何时得清净。"此皆君十二三岁时轶事也。虽细端亦可以见其刚断之气矣。君事母最孝，非在侧则母不欢，母有所烦恼，得君数言，辄怡笑以解。盖其在母侧，纯为孺子之容，与接朋辈任事时，若两人云。最深于自知，勇于改过。其事为己所不能任者，必自白之，不轻许可，及其既任，则以心力殉之；有过失，必自知之、自言之而痛改之，盖光明磊落，肝胆照人焉。

君尝慨中国医学之不讲，草菅人命，学医于美人嘉约翰，三年，遂通泰西医术。欲以移中国，在沪创医学堂，草具章程，虽以事未成，而后必行之。盖君之勇断，足以廓清国家之积弊，其明察精细，足以经营国家治平之条理，而未能一得藉手，遂殉国以没。其所办之事，则在澳门创立《知新报》，发明民政公理；在上海设译书局，译日本书，以开民智；在西樵乡设一学校，以泰西政学教授乡之子弟；先生恶妇女缠足，壬午年创不缠足会而未成，君卒成之，粤风大移，粤会成，则与超推之于沪，集士夫开不缠足大会，君实为总持。

又与同志创女学堂，以救妇女之患，行太平之义。于君才未尽十一，亦可以观其志矣。君雅不喜章句记诵词章之学，明算工书，能作篆，尝为诗骈散文，然以为无用，既不求工，亦不存稿，盖皆以余事为之，故遗文存者无几。然其言论往往发前人所未发，言人所不敢言。盖南海先生于一切名理，每仅发其端，含蓄而不尽言，君则推波助澜，穷其究竟，达其极点，故精思伟论独多焉。君既殁，朋辈将记忆其言论，裒而集之，以传于后。君既弃浙官，今年改官候选主事。妻黄谨娱，为中国女学会倡办董事。

论曰：徐子靖、王小航常语余云，二康皆绝伦之资，各有所长，不能轩轾。其言虽稍过，然幼博之才，真今日救时之良矣。世人莫不知南海先生，而罕知幼博，盖为兄所掩，无足怪也。而先生之好仁，与幼博之持义，适足以相补，故先生之行事，出于幼博所左右者为多焉。六烈士之中，任事之勇猛，性行之笃挚，惟复生与幼博为最。复生学问之深博，过于幼博；幼博治事之条理，过于复生，两人之才，真未易轩轾也。呜呼！今日眼中之人，求如两君者可复得乎？可复得乎？幼博之入京也，在今春二月。时余适自湘大病出沪，扶病入京师，应春官试。幼博善医学，于余之病也，为之调护饮食，剂医药，至是则伴余同北行。盖幼博之入京，本无他事，不过为余病耳。余病不死，而幼博死于余之病，

214

余疾何如哉？

杨深秀传

杨君字漪邨，又号骞骞子，山西闻喜县人也。少颖敏，十二岁录为县学附生。博学强记，自十三经、史、汉、通鉴、管、荀、庄、墨、老、列、韩、吕诸子，乃至《说文》、《玉篇》、《水经注》，旁及佛典，皆能举其辞。又能钩玄提要，独有心得，考据宏博，而能讲宋明义理之学，以气节自厉，岩嵘独出，为山西儒宗。其为举人，负士林重望。光绪八年，张公之洞巡抚山西，创令德堂，教全省士以经史考据词章义理之学，特聘君为院长，以矜式多士。光绪十五年，成进士，授刑部主事，累迁郎中。光绪二十三年十二月，授出东道监察御史。二十四年正月，俄人胁割旅顺、大连湾，君始入台，第一疏即极言地球大势，请联英、日以拒俄，词甚切直。时都中人士，皆知君深于旧学，而不知其达时务，至是，共惊服之。

君与康君广仁交最厚。康君专持废八股为救中国第一事，日夜谋此举。四月初间，君乃先抗疏请更文体，凡试事仍以四书、五经命题，而篇中当纵论时事，不得仍破承八股之式。

盖八股之弊，积之千年，恐未能一旦遽扫，故以渐而进也。疏上，奉旨交部臣议行。时皇上锐意维新，而守旧大臣盈廷，竞思阻挠，君谓国是不定，则人心不知所响，如泛舟中流，而不知所济，乃与徐公致靖先后上疏，请定国是。至四月二十三日，国是之诏遂下，天下志士喁喁向风矣。

初请更文体之疏，既交部议，而礼部尚书许应骙，庸谬昏横，辄欲驳斥，又于经济科一事，多为阻挠。时八股尚未废，许自恃为礼部长官，专务遏抑斯举。君于是与御史宋伯鲁合疏劾之，有诏命许应骙自陈，于是旧党始恶君，力与为难矣。

御史文悌者，满洲人也。以满人久居内城，知宫中事最悉，颇愤西后之专横，经胶旅后，虑国危，文君门下有某人者，抚北方豪士千数百人，适同侍祠，竟夕语君宫中隐事，皆西后淫乐之事也。既而曰：君知长麟去官之故乎？长麟以上名虽亲政，实则受制于后，请上独揽大权，曰：西后于穆宗则为生母，于皇上则为先帝之遗妾耳，天子无以妾母为母者。

其言可谓独得大义矣。君然之。文又曰："吾奉命查宗人府囚，见澍贝勒仅一裤蔽体，上身无衣，时方正月祈寒，拥炉战栗，吾怜之，赏钱十千。西后之刻虐皇孙如此，盖为上示戒，故上见后辄颤。此与唐武氏何异？"因慷慨诵徐敬业《讨武氏檄》"燕啄王孙"四语，目眦欲裂。君美其忠诚，乃告君曰：

"吾少尝慕游侠，能踰墙，抚有昆仑奴甚多，若有志士

216

相助，可一举成大业。闻君门下多识豪杰，能觅其人以救国乎？"君壮其言而虑其难。时文数访康先生，一切奏章，皆请先生代草之，甚密。君告先生以文有此意，恐事难成。先生见文则诘之，文色变，虑君之泄漏而败事也，日腾谤于朝，以求自解。犹虑不免，乃露章劾君与彼有不可告人之言。以先生开保国会，为守旧大众所恶，因附会劾之，以媚于众。政变后之伪谕，谓康先生谋围颐和园，实自文悌起也。

文悌疏既上，皇上非惟不罪宋、杨，且责文之诬罔，令还原衙门行走。于是君益感激天知，誓死以报，连上书请设译书局译日本书，请派亲王贝勒宗室游历各国，遣学生留学日本，皆蒙采纳施行。又请上面试京朝官，日轮二十人，择通才召见试用，而罢其罢老庸愚不通时务者，于是朝士大怨。然三月以来，台谏之中毗赞新政者，惟君之功为最多。

湖南巡抚陈宝箴力行新政，为疆臣之冠，而湖南守旧党与之为难，交章弹劾之，其诬词不可听闻。君独抗疏为剖辨，于是奉旨奖励陈，而严责旧党，湖南浮议稍息，陈乃得复行其志。至八月初六日，垂帘之伪命既下，党案已发，京师人人惊悚，志士或捕或匿，奸焰昌披，莫敢撄其锋，君独抗疏诘问皇上被废之故，援引古义，切陈国难，请西后撤帘归政，遂就缚。狱中有诗十数章，怆怀圣君，睠念外患，忠诚之气，溢于言表，论者以为虽前明方正学，杨椒山之烈，不是过也。

君持躬廉正，取与之间，虽一介不苟。官御史时，家赤贫，衣食或不继，时惟佣诗文以自给，不稍改其初。居京师二十年，恶衣菲食，敝车羸马，坚苦刻厉，高节绝伦，盖有古君子之风焉。子被田，字米裳，举人，能世其学，通天算格致，厉节笃行，有父风。

论曰：漪邨先生可谓义形于色矣。彼逆后贼臣，包藏祸心，蓄志既久，先生岂不知之？垂帘之诏既下，祸变已成，非空言所能补救，先生岂不知之？而乃入虎穴，蹈虎尾，抗疏谔谔，为请撤帘之评论，斯岂非孔子所谓愚不可及者耶？八月初六之变，天地反常，日月异色，内外大小臣僚，以数万计，下心低首，忍气吞声，无一敢怒之而敢言之者，而先生乃从容慷慨，以明大义于天下，宁不知其无益哉？以为凡有血气者，固不可不尔也。呜呼！荆卿虽醢，暴嬴之魄已寒；敬业虽夷，牝朝之数随尽。仁人君子之立言行事，岂计成败乎？

漪邨先生可谓义形于色矣。

杨锐传

杨锐字叔峤，又字钝叔，四川绵竹县人。性笃谨，不妄言邪视，好词章。张公之洞督学四川，君时尚少，为张所拔识，因受业为弟子。张爱其谨密，甚相亲信。光绪十五年，以举人授内阁中书。张出任封疆将二十年，而君供职京僚，张有子在京师，而京师事不托之子而托之君。张于京师消息，一切藉君，有所考察，皆托之于君，书电络绎，盖为张第一亲厚之弟子，而举其经济特科，而君之旅费，亦张所供养也。君鲠直，尚名节，最慕汉党锢、明东林之行谊，自乙未和议以后，乃益慷慨谈时务。时南海先生在京师，过从极密。南海与志士倡设强学会，君起而和之甚力。其年十月，御史杨崇伊承某大臣意旨，劾强学会，遂下诏封禁，会中志士愤激，连署争之。向例，凡连署之书，其名次皆以衙门为先后，君官内阁，当首署，而会员中，F君FF亦同官内阁，争首署，君曰："我于本衙门为前辈。"乃先焉。当时会既被禁，京师哗然，谓将兴大狱，君乃奋然率诸人以抗争之，亦可谓不畏强御矣。

丁酉冬，胶变起，康先生至京师上书。君乃日与谋，极称之于给事高君燮曾。高君之疏荐康先生，君之力也。今年二月，康先生倡保国会于京师，君与刘君光第皆会员，又自开蜀学会于四川会馆，集赀钜万，规模仓卒而成，以此益为守旧者所嫉忌。张公之洞累欲荐之，以门人避嫌，乃告湖南巡抚陈公宝箴荐之，召见加四品卿衔，充军机章京，与谭、刘、林同参预新政。拜命之日，皇上亲以黄匣缄一朱谕授四人，命竭力赞襄新政，无得瞻顾，凡有奏折皆经四卿阅视，凡有上谕皆经四卿属草。于是军机大臣嫉妒之，势不两立。七月下旬，宫中变态已作，上于二十九日召见君，赐以衣带诏，乃言位将不保，命康先生与四人同设法救护者也。

君久居京师，最审朝局，又习闻宫廷之事，知二十年来之国脉，皆斫丧于西后之手，愤懑不自禁，义气形于词色，故与御史朱一新、安维峻、学士文廷式交最契。朱者，曾疏劾西后嬖宦李联英，因忤后落职者也；安者，曾疏请西后勿揽政权，因忤后遣戍塞外者也；文者，曾请皇上自收大权，因忤后革职驱逐者也。君习与诸君游，宗旨最合，久有裁抑吕、武之志。至是奉诏与诸同志谋卫上变，遂被逮授命。君博学，长于诗，尝辑注《晋书》，极闳博，于京师诸名士中，称尊宿焉。然谦抑自持，与人言恂恂如不出口，绝无名士轻薄之风，君子重之。

论曰：叔峤之接人发论，循循若处子，至其尚气节，明大义，立身不苟，见危授命，有古君子之风焉。以视平日口谈忠孝，动称义愤，一遇君父朋友之难，则反眼下石者何如哉？

林旭传

林君字暾谷，福建侯官县人，南海先生之弟子也。自童龀颖绝秀出，负意气，天才特达，如竹箭标举，干云而上。冠岁，乡试冠全省，读其文奥雅奇伟，莫不惊之，长老名宿，皆与折节为忘年交，故所友皆一时闻人。其于诗词骈散文皆天授，文如汉、魏人，诗如宋人，波澜老成，瑰奥深稼，流行京师，名动一时。乙未割辽、台，君方应试春官，乃发愤上书，请拒和议，盖意志已倜傥矣。既而官内阁中书，盖闻南海之学，慕之，谒南海，闻所论政治宗旨，大心折，遂受业焉。

先是胶警初报，事变綦急，南海先生以为振厉士气，乃保国之基础，欲令各省志士各为学会，以相讲求，则声气易通，讲求易熟，于京师先倡粤学会、蜀学会、闽学会、浙学会、陕学会等，而杨君锐实为蜀学会之领袖。君遍谒乡先达鼓之，一日而成，以月初十日开大会于福建会馆，闽中名士夫皆集，而君实为闽学会之领袖焉。及开保国会，君为会中倡始董事，提倡最力。

初，荣禄尝为福州将军，雅好闽人，而君又沈文肃公之孙婿，才名藉甚，故荣颇欲罗致之。五月，荣既至天津，乃招君入幕府。君入都请命于南海，问可就否？南海曰："就之何害，若能责以大义，怵以时变，从容开导其迷谬，暗中消遏其阴谋，亦大善事也。"于是君乃决就荣聘，已而举应经济特科。会少詹王锡蕃荐君于朝，七月召见，上命将奏对之语，再誊出呈览，盖因君操闽语，上不尽解也。君退朝具折奏上，折中称述师说甚详。皇上既知为康某之弟子，因信任之，遂与谭君等同授四品卿衔，入军机参预新政。十日之中，所陈奏甚多，上谕多由君所拟。

初二日，皇上赐康先生密谕，令速出京，亦交君传出，

221

盖深信之也。既奉密谕，谭君等距踊呼号。时袁世凯方在京，谋出密诏示之，激其义愤，而君不谓然，作一小诗代简致之谭等曰："伏蒲泣血知何用？慷慨何曾报主恩。愿为公歌千里草，本初健者莫轻言。"盖指东汉何进之事也。及变起，同被捕，十三日斩于市。临刑呼监斩吏问罪名，吏不顾而去，君神色不稍变云。著有《晚翠轩诗集》若干卷，长短句及杂文若干卷。妻沈静仪，沈文肃公葆桢之孙女，得报，痛哭不欲生，将亲人都收遗骸，为家人所劝禁，乃仰药以殉论曰：暾谷少余一岁，余以弟畜之。暾谷故长于诗词，喜吟咏，余规之曰："词章乃娱魂调性之具，偶一为之可也。若以为业，则玩物丧志，与声色之累无异。方今世变日亟，以君之才，岂可溺于是。"君则幡然戒诗，尽割舍旧习，从南海治义理经世之学，岂所谓从善如不及邪？荣禄之爱暾谷，罗致暾谷，致敬尽礼，一旦则悍然不问其罪否，骈而戮之，彼豺狼者岂复有爱根邪？翻手为云，覆手为雨，朝杯酒，暮白刃，虽父母兄弟犹且不顾，他又何怪！

刘光第传

刘君字裴邨，四川富顺县人。性端重敦笃，不苟言笑，志节崭然。博学能文诗，善书法。诗在韩、杜之间，书学鲁公，气骨森竦，严整肖其为人。弱冠后成进士，授刑部主事，治事精严。光绪二十年，以亲丧去官，教授乡里，提倡实学，蜀人化之。官京师，闭户读书，不与时流所谓名士通，故人鲜知者。及南海先生开保国会，君翩然来为会员。七月，以陈公宝箴荐，召见，加四品卿衔，充军机章京，参预新政。初，君与谭君尚未识面，至是既同官，又同班，则大相契。谭君以为京师所见高节笃行之士，罕其比也。向例，凡初入军机者，内侍例索赏钱，君持正不与；礼亲王军机首辅，生日祝寿，同僚皆往拜，君不往；军机大臣裕禄擢礼部尚书，同僚皆往贺，君不贺；谓时事艰难，吾辈拜爵于朝，当劬王事，岂有暇奔走媚事权贵哉？其气节严厉如此。七月二十六日，有湖南守旧党曾廉上书请杀南海先生及余，深文罗织，谓为叛逆。皇上恐西后见之，将有不测之怒，乃将其折交裕禄，命转交谭君，按条详驳之。谭君驳语云："臣嗣同以百口保康、梁之忠，若曾廉之言属实，臣嗣同请先坐罪。"君与谭君同在二班，乃并署名曰："臣光第亦请先坐罪。"谭君大敬而惊之。

君曰："即微皇上之命，亦当救志士，况有君命耶？仆不让君独为君子也。"于是谭君益大服君。

变既作，四卿同被逮下狱，未经讯鞫。故事，提犯自东门出则宥，出西门则死。十三日，使者提君等六人自西门出，同人未知生死，君久于刑部，谙囚狱故事，太息曰："吾属死，正气尽。"闻者莫不挥泪。君既就义，其嗣子赴市曹伏尸痛哭一日夜以死。君家贫，坚苦刻厉，诗文甚富，就义后，未知其稿所在。

论曰："裴邨之识余，介□□□先生。□□生，有道之士也，余以是敬裴邨。然裴邨之在京师，闭门谢客，故过从希焉。南海先生则未尝通拜答，但于保国会识一面，而于曾廉之事，裴邨以死相救。呜呼，真古之人哉，古之人哉！与裴邨未稔，故不能详记行谊，虽然，荦荦数端，亦可以见其概矣。

谭嗣同传

谭君字复生，又号壮飞，湖南浏阳县人。少倜傥有大志，淹通群籍，能文章，好任侠，善剑术。父继洵，官湖北巡抚。

幼丧母，为父妾所虐，备极孤孽苦，故操心危，虑患深，而德慧术智日增长焉。弱冠，从军新疆，游巡抚刘公锦棠幕府。

刘大奇其才，将荐之于朝，会刘以养亲去官，不果。自是十年，来往于直隶、新疆、甘肃、陕西、河南、湖南、湖北、江苏、安徽、浙江、台湾各省，察视风土，物色豪杰，然终以巡抚君拘谨，不许远游，未能尽其四方之志也。自甲午战事后，益发愤提倡新学，首在浏阳设一学会，集同志讲求磨厉，实为湖南全省新学之起点焉。时南海先生方倡强学会于北京及上海，天下志士，走集应和之。君乃自湖南溯江，下上海，游京师，将以谒先生，而先生适归广东，不获见。余方在京师强学会，任记纂之役，始与君相见，语以南海讲学之宗旨，经世之条理，则感动大喜跃，自称私淑弟子，自是学识更日益进。

时和议初定，人人怀国耻，士气稍振起，君则激昂慷慨，大声疾呼，海内有志之士，睹其丰采，闻其言论，知其为非常人矣。以父命就官为候补知府，需次金陵者一年，闭户养心读书，冥探孔、佛之精奥，会通群哲之心法，衍绎南海之宗旨，成《仁学》一书。又时时至上海与同志商量学术，讨论天下事，未尝与俗吏一相接，君常自谓作吏一年，无异入山。时陈公宝箴为湖南巡抚，其子三立辅之，慨然以湖南开化为己任。丁酉六月，黄君遵宪适拜湖南按察使之命，八月，徐君仁铸又来督湘学，湖南绅士某某等蹈厉奋发，提倡桑梓，志士渐集于湘楚。陈公父子与前任学政江君标，乃谋大集豪杰于湖南，并力经营，为诸省之倡。于是聘余及某某等为学堂教习，召某某归练兵，而君亦为陈公所敦促，即弃官归，安置眷属于其浏阳之乡，而独留长沙，与群志士办新政。于是湖南倡办之事，若内河小轮船也，商办矿务也，湘粤铁路也，时务学堂也，武备学堂也，保卫局也，南学会也，皆君所倡论擘画者，而以南学会最为盛业。设会之意，将合南部诸省志士，联为一气，相与讲爱国之理，求救亡之法，而先从湖南一省办起，盖实兼学会与地方议会之规模焉。地方有事，公议而行，此议会之意也；每七日大集众而讲学，演说万国大势及政学原理，此学会之意也。于时君实为学长，任演说之事，每会集者千数百人，君慷慨论天下事，闻者无不感动，故湖南全省风气大开，君之功居多。

今年四月，定国是之诏既下，君以学士徐公致靖荐，被征，适大病不能行，至七月乃扶病入觐，奏对称旨，皇上超擢四品卿衔军机章京，与杨锐、林旭、刘光第，同参预新政，时号为军机四卿。参预新政者，犹唐宋之参知政事，实宰相之职也。皇上欲大用康先生，而上畏西后，不敢行其志。数月以来，皇上有所询问，则令总理衙门传旨；先生有所陈奏，则著之于所进呈书之中而已。自四卿入军机，然后皇上与康先生之意始能少通，锐意欲行大改革矣，而西后及贼臣忌益甚，未及十日，而变已起。

初，君之始入京也，与言皇上无权、西后阻挠之事，君不之信，及七月二十七日，皇上欲开懋勤殿设顾问官，命君拟旨，先遣内侍捧历朝圣训授君，传上言谓康熙、乾隆、咸丰三朝，有开懋勤殿故事，令查出引入上谕中，盖将以二十八日亲往颐和园请命西后云。君退朝，乃告同人曰："今而知皇上之真无权矣。"至二十八日，京朝人咸知懋勤殿之事，以为今日谕旨将下，而卒不下，于是益知西后与帝之不相容矣。

二十九日，皇上召见杨锐，遂赐衣带诏，有"朕位几不保，命康与四卿及同志速设法筹救"之语，君与康先生捧诏恸哭，而皇上手无寸柄，无所为计。时诸将之中，惟袁世凯久使朝鲜，讲中外之故，力主变法，君密奏请皇上结以恩遇，冀缓急或可救助，词极激切。八月初一日，上召见袁世凯，特赏侍郎，初二日复召见，初三日夕，君径造袁所寓之法华寺，直诘袁曰："君谓皇上如何人也？"袁曰："旷代之圣主也。"

君曰："天津阅兵之阴谋，君知之乎？"袁曰："然，固有所闻。"君乃直出密诏示之曰："今日可以救我圣主者，惟在足下，足下欲救则救之。"又以手自抚其颈曰："苟不欲救，请至颐和园首仆而杀仆，可以得富贵也。"袁正色厉声曰："君以袁某为何如人哉？圣主乃吾辈所共事之主，仆与足下，同受非常之遇，救护之责，非独足下，若有所教，仆固愿闻也。"

君曰："荣禄密谋，全在天津阅兵之举，足下及董、聂三军，皆受荣所节制，将挟兵力以行大事。虽然，董、聂不足道也，天下健者，惟有足下。若变起，足下以一军敌彼二军，保护圣主，复大权，清君侧，肃宫廷，指挥若定，不世之业也。"

袁曰："若皇上于阅兵时疾驰入仆营，传号令以诛奸贼，则仆必能从诸君子之后，竭死力以补救。"君曰："荣禄遇足下素厚，足下何以待之？"袁笑而不言，袁幕府某曰："荣贼并非推心待慰帅者。昔某公欲增慰帅兵，荣曰：'汉人未可假大兵权。'盖向来不过笼络耳。即如前年胡景桂参劾慰帅一事，胡乃荣之私人，荣遣其劾帅，而己查办昭雪之以市恩。既而胡即放宁夏知府，旋升宁夏道，此乃荣贼心计险极巧极之处，慰帅岂不知之？"君乃曰："荣禄固操、莽之才，绝世之雄，待之恐不易易。"袁怒目视曰："若皇上在仆营，则诛荣禄如杀一狗耳。"因相与言救主之条理甚详，袁曰："今营中枪弹火药，皆在荣贼之手，而营哨各官，亦多属旧人，事急矣，既定策，则仆须归营，更选将官，而设法备贮弹药，则可也。"乃丁宁而去。时八月初三夜漏三下矣。至初五日，袁复召见，至初六日，变遂发。

时余方访君寓，对坐榻上，有所擘画，而抄捕南海馆之报忽至，旋闻垂帘之谕，君从容语余曰："昔欲救皇上，既无可救；今欲救先生，亦无可救，吾已无事可办，惟待死期耳！虽然，天下事知其不可而为之，足下试入日本使馆谒伊藤氏，请致电上海领事而救先生焉。"余是夕宿于日本使馆。君竟日不出门以待捕者，捕者既不至，则于其明日入日本使馆，与余相见，劝东游，且携所著书及诗文辞稿本数册，家书一箧托焉，曰："不有行者，无以图将来；不有死者，无以酬圣主。今南海之生死未可卜，程婴、杵臼，月照、西乡，吾与足下分任之。"遂相与一抱而别。初七八九三日，君复与侠士谋救皇上，事卒不成。初十日，遂被逮。被逮之前一日，日本志士数辈，苦劝君东游，君不听，再四强之，君曰："各国

228

变法，无不从流血而成，今中国未闻有因变法而流血者，此国之所以不昌也。有之，请自嗣同始。"卒不去，故及于难。君既系狱，题一诗于狱壁曰："望门投宿思张俭，忍死须臾待杜根，我自横刀向天笑，去留肝胆两昆仑。"盖念南海也。以八月十三日斩于市，春秋三十有三。就义之日，观者万人，君慷慨神气不少变。时军机大臣刚毅监斩，君呼刚前曰："吾有一言。"刚去不听，乃从容就戮。呜呼，烈矣！

　　君资性绝特，于学无所不窥，而以日新为宗旨，故无所沾滞，善能舍己从人，故其学日进，每十日不相见，则议论学识必有增长。少年曾为考据、笺注、金石刻镂、诗古文辞之学，亦好谈中国古兵法，三十岁以后，悉弃去。究心泰西天算、格致、政治、历史之学，皆有心得，又究心宗教。当君之与余初相见也，极推崇耶子氏兼爱之教，而不知有佛，不知有孔子，既而闻南海先生所发明《易》、《春秋》之义，穷大同太平之条理，体乾元统天之精意，则大服。又闻华严性海之说，而悟世界无量，现身无量，无人无我，无去无住，无垢无净，舍救人外更无他事之理。闻相宗识浪之说，而悟众生根器无量，故说法无量，种种差别，与圆性无碍之理，则益大服。自是豁然贯通，能汇万法为一，能衍一法为万，无所罣碍，而任事之勇猛亦益加。作官金陵之一年，日夜冥搜孔、佛之书，金陵有居士杨文会者，博览教乘，熟于佛故，以流通经典为己任。君时时与之游，因得遍窥三藏，所得日益精深。其学术宗旨，大端见于《仁学》一书，又散见于与友人论学书中。所著书《仁学》之外，尚有《寥天一图文》二卷，《莽苍苍斋诗》二卷，《远遗堂集外文》一卷，《兴算学议》一卷，已刻。《思纬吉凶台短书》一卷，《壮飞楼治事》十篇，《秋雨年华馆丛脞书》四卷，《剑经衍葛》一卷，《印录》一卷，并《仁学》皆藏于余处。又政论数十篇，见于《湘报》者，及与师友论学论事书数十篇，余将与君之石交某某等共搜辑之，为谭浏阳遗集若干卷。其《仁学》一书，先择其稍平易者，附印《清议报》中，公诸世焉。君平主一无嗜好，持躬严整，面棱棱有秋肃之气。无子女。妻李闰，为中国女学会倡办董事。

论曰：复生之行谊磊落，轰天撼地，人人共知，是以不论，论其所学：自唐宋以后，呫毕小儒，徇其一孔之论，以谤佛毁法，固不足道，而震旦末法流行，数百年来，宗门之人，耽乐小乘，堕断常见，龙象之才，罕有闻者，以为佛法皆清净而已，寂灭而已。岂知大乘之法，悲智双修，与孔子必仁且智之义，如两爪之相印。惟智也，故知即世间即出世间，无所谓净土，即人即我，无所谓众生，世界之外无净土，众生之外无我，故惟有舍身以救众生。佛说："我不入地狱，谁入地狱？"孔子曰："吾非斯人之徒与而谁与？天下有道，丘不与易。"故即智即仁焉。既思救众生矣，则必有救之之条理。故孔子治《春秋》，为大同小康之制，千条万绪，皆为世界也，为众生也，舍此一大事，无他事也。华严之菩萨行也，所谓誓不成佛也。《春秋》三世之义，救过去之众生，与救现在之众生，救现在之众生，与救将来之众生，其法异而不异；救此土之众生，与救彼土之众生，其法异而不异；救全世界之众生，与救一国之众生，救一人之众生，其法异而不异；此相宗之唯识也。因众生根器各各不同，故说法不同，而实法无不同也。既无净土矣，既无我矣，则无所希恋，无所罣碍，无所恐怖，夫净土与我且不爱矣，复何有利害毁誉称讥苦乐之可以动其心乎？故孔子言不忧不惑不惧，佛言大无畏，盖即仁即智即勇焉。通乎此者，则游行自在，可以出生，可以入死，可以仁，可以救众生。

梁启超生平大事年表

1873年（清同治十二年　癸酉）

上距太平天国起义军失败已九年，捻军失败亦达五年。

曾国藩于上年二月死于南京。

设铁路局。

第二批赴美留学幼童出国。

中国人自办之日报《昭文新报》创刊于汉口。

农历正月十六日出生。

1877年（清光绪三年　丁丑）

英人贝尔发明电话。

马建忠留法归国，上书李鸿章，谓欧洲各国之强，不仅是船坚炮利，亦与政治法律有关。

郭嵩焘致函李鸿章：请赶办铁路、电报。

王国维十月廿九日出生。

五岁，开始读书。

1883年（清光绪九年　癸未）

法国强迫越南签订《顺化条约》，法军向中国进攻。

醇亲王奕譞与曾纪泽奏请兴建津沽铁路。

十一岁。

1884年（清光绪十年　甲申）

中国下诏与法国宣战。

新疆设省。

美国愿贷款五百万镑援华修铁路，拒之。

十二岁，补博士弟子员。

1887年（清光绪十三年　丁亥）

光绪帝亲政。

川滇电线架成。

总理衙门陈准出洋考察办法，又上奏出洋游历章程。

肄业于学海堂。

1889年（清光绪十五年　己丑）

御史余联奏陈修铁路之害甚大。又御史屠守仁、侍御洪浪品、学士许会澧等均请停建铁路。

张之洞调湖广总督。

十七岁，乡试中试。

1890年（清光绪十六年　庚寅）

北洋舰队至新加坡马尼拉等地访问。

《天方夜谭》汉译本问世。

唐山铁道工程学院成立。

康有为著《新学伪经考》《孔子改制考》，又著《大同书》，最为梁启超等人所崇拜。

入京师。旋下第归，与陈千秋往谒康有为。

1891年（清光绪十七年　辛卯）

创设江南水师学堂。

颐和园修竣，工程费用动用海军款仍不够，再由出使经费垫支。

十九岁，就读万木草堂，并于是年结婚。

1894年（清光绪二十年　甲午）

慈禧太后六十寿典需款，李鸿章奉命暂停建山海关外铁路，以路款作庆典用。

孙中山上李鸿章书，陈富国强兵之道。

八月一日中日开战。

至京师与谭嗣同、夏曾佑等人交。

1895年（清光绪二十一年 乙未）

中日之战结束，中国战败，北洋海军覆没，中日签订《马关条约》。

康有为联合在京举人上书请变法，即"公车上书"事件。

孙中山成立兴中会。

二十三岁，在京从康有为奔走。强学会成立，被任为书记。

1896年（清光绪二十二年 丙申）

京汉铁路铺轨。

至上海，与汪康年创办《时务报》，在报上发表《变法通议》。

1897年（清光绪二十三年 丁酉）

德国强占胶州湾。

二十五岁，到长沙主持时务学堂讲席。

1898年（清光绪二十四年 戊戌）

戊戌政变，谭嗣同、林旭、杨锐、康广仁、刘光第、杨深秀六人被害，史称"戊戌六君子"。

康有为在英国人保护下逃往香港，然后再至日本。

二十六岁，乘日本兵舰逃亡。十月，在日本创刊《清议报》。

1899年（清光绪二十五年　己亥）

俄国设立关东州。

王懿荣发现安阳出土之甲骨文。

游夏威夷岛。

1900年（清光绪二十六年　庚子）

义和团运动兴起。

八国联军入侵北京。

一度由日本回上海，旋赴南洋。

1901年（清光绪二十七年　辛丑）

清政府与侵略国签订《辛丑和约》。

李鸿章死。

仍在日本。王国维赴日求学。

1902年（清光绪二十八年壬寅）

清政府许可满汉通婚。

章炳麟在东京发起中夏亡国二百四十二周年纪念会。

三十岁在日本创《新民丛报》，鼓吹君主立宪，并倡言
"破坏主义"。

是年出版《饮冰室文集》，其《三十自述》一文，备述前些年之各种活动。

梁启超在政治上、学术上俱与康有为产生分歧，梁所写《保教非所以尊孔论》一文，表示了与康不同的观点。

1903年（清光绪二十九年　癸卯）

上海《苏报》案发生，章炳麟、邹容入狱。

留日学生组织拒俄义勇队。

三十一岁，游美洲，著《新大陆游记》。

1905年（清光绪三十一年　乙巳）

同盟会在东京正式成立，孙中山为总理，黄兴任庶务。总理不在时，由庶务代行其职权。

清政府正式下令废除科举制度。

十一月，同盟会机关刊物《民报》在东京创刊。

三十三岁，著《开明专制论》，坚持君主立宪，与革命党相对峙。

1906年（清光绪三十二年　丙午）

《民报》举行创刊周年纪念会，孙中山系统阐述三民主义思想。

萍醴起义失败。

三十四岁，在日本。

1907年（清光绪三十三年　丁未）
日俄密约订立，分割我东北为两大势力范围。

秋瑾响应起义，殉难。

日本驱逐孙中山出境。

章炳麟、陶成章等攻击孙中山。

三十五岁，在日本。因与同盟会机关报《民报》笔战不利，谋妥协，黄兴不许。

1908年（清光绪三十四年　戊申）
光绪皇帝及慈禧太后相继死，醇亲王摄政。

光复会安庆起义失败。

黄兴发动钦廉起义。

三十六岁，著《中国古代币材考》。

1910年（清宣统二年　庚戌）
汪精卫谋炸摄政王被捕。

京师大学堂开办并成立资政院。

创办《国风报》。

1911年（清宣统三年　辛亥）

三月廿九日广州起义，失败。

八月十九日武昌起义。不久，各省响应，南北和议开始。

各省代表在南京选孙中山为临时大总统。

仍在日本。

1912年（民国元年　壬子）

南京政府接受黄兴建议：改用阳历，以"中华民国"纪元。

清帝宣布退位。

孙中山让袁世凯为临时大总统，袁世凯拒绝南下，在北京就任。

同盟会改组为国民党。

四十岁，从日本回国，结束十四年的流亡生活。

袁世凯以司法次长相召，未就。

1913年（民国二年　癸丑）

宋教仁遇刺。

黄兴、李烈钧等组织讨袁军。

袁世凯向五国银行团进行"善后大借款"，并下令解散国民党。

出任袁世凯统治下的北京政府司法总长，从此变为实际政治家。

1914年（民国三年　甲寅）

政府公布新约法，并成立参政院。

第一次世界大战爆发。

章士钊创办《甲寅》。

任币制局总裁。

遭遇困难，始知袁世凯不可合作，发表《吾今后所以报国者》一文，表示愿从事学术，放弃政治。

1915年（民国四年　乙卯）

袁世凯为实现帝制，接受日本无理要求"二十一条"。

杨度等成立"筹安会"。

十二月袁世凯称帝，改明年为洪宪元年。

蔡锷在云南组护国军，出兵讨袁。

四十三岁，发表《异哉所谓国体问题者》，与袁世凯决裂，并间道至云南参加护国之役。

1916年（民国五年　丙辰）

三月，袁世凯下令撤销帝制，仍称大总统。六月，袁世凯死。

陈其美在上海被刺。

黄兴病死于上海。

蔡锷病死于日本。

四十四岁，出版《盾鼻集》。

1917年（民国六年　丁巳）

黎元洪继袁世凯为总统，与总理段祺瑞不和。

张勋带兵入京，名为调停黎、段之间的矛盾，实则拥宣统皇帝复辟。

八月，中国对德、奥宣战。

俄国十月革命成功。

张勋复辟，以康有为出力最多。至此康、梁乃彻底分家。

四十五岁，反对复辟，并参加段祺瑞领导的讨伐张勋之役，事后出任段内阁财政总长。

1918年（民国七年　戊午）

一战结束，巴黎和会开始。

罗振玉从日本回国。

徐世昌任总统。

四十六岁，于年底赴欧洲考察，著《欧游心影录》。

1919年（民国八年　己未）

五四运动在北京发生。

四十七岁，出版《饮冰室丛著》。

1920年（民国九年　庚申）

直、皖军阀开战。

缪荃孙卒。

四十八岁，著《翻译文学与佛典》《清代学术概论》等论著。

1921年（民国十年　辛酉）

中国共产党成立。

广东成立新政府。

北伐军一度夺回武昌。

四十九岁，著《墨子学案》。

1922年（民国十一年　壬戌）

奉、直军阀开战。

黎元洪复任大总统。

沈曾植死。

五十岁，著《陶渊明》《大乘起信论考》。

1923年（民国十二年　癸亥）

孙中山于广州设大元帅府，自任大元帅。

曹锟贿选为大总统。

王国维充溥仪南书房行走。

著《戴东原先生传》《人生与哲学》《国学入门书要目》。

1924年（民国十三年　甲子）

江、浙军阀开战。

奉、直军阀再战。

段祺瑞为临时执政。

冯玉祥率兵入京。

五十二岁，著《近代学风之地理的分布》。

1925年（民国十四年　乙丑）

孙中山病卒于北京。

"五卅事件"。

溥仪避居天津。

胡适荐王国维任清华国学研究院导师。

第四次编订《饮冰室文集》。

1926年（民国十五年　丙寅）

国民革命军北伐。

五十四岁，入清华国学研究院任导师。

1927年（民国十六年　丁卯）

国民政府成立于南京。

国共分裂。

八一南昌起义。

康有为死于青岛。

阴历五月王国维自沉颐和园昆明湖，梁由天津赶至北京料理丧事。

1928年（民国十七年　戊辰）

著《辛稼轩年谱》，未定。

1929年（民国十八年　己巳）

一月十九日卒于北京，时年五十七岁。